人事制度が
会社を変える

〈実践！　中小企業の人事改革〉

著：山口忠明
監修：徳田孝司

TOHOSHOBO

はじめに

　多くの日本企業では戦後の高度成長期を経過した後も長く年功序列型（メンバーシップ型）雇用制度が維持されてきました。この制度は、安定した雇用や生活を保障してきた意味で、高度成長期には適合した制度であったと考えられます。しかしながら労働力人口の減少、労働市場の流動化、経験値が以前ほど重要視されなくなったＩＴ化、若い労働人口の労働価値観の変化等により、急速に従来制度が立ち行かなくなってきました。この旧来の制度に取って代わる制度が、成果主義制度です。成果主義制度にも種々ありますが、最近注目されていますジョブ型制度が最も分かりやすい制度だと思います。この制度の根幹は、職務記述書と役割等級制度です。

　本書は、社員が50～150名程度の中小企業を念頭において、どのようにしたら成果主義をベースにした人事制度を構築できるかについて述べたものです。

　このコロナ禍で、多くの人々が在宅ワーク、リモートワークを行っています。その影響により、人事制度の一部が変わっていくことはありましょうが、人事制度の根幹は揺らがないと思います。変わるのは働き方の形態的な面（働く場所、コミュニケーションの仕方等）です。

それでは、企業に求められる成果主義を実現するための人事制度とはどのようなものでしょうか？　端的に申し上げますと、以下の４つを実現する制度だと思います。

　１．社員に透明な人事制度
　２．社員に公正な人事制度
　３．社員のやる気を引き出す人事制度
　４．会社の成長を牽引する人事制度

　本書では、この４つを実現するための方法を述べます。

　最初に、人事制度の全体像を述べ、その次に人事制度の根幹をなす等級制度を説明し、以下評価制度、配置制度、報酬制度、採用制度、研修育成制度そして最後に組織風土について、それぞれの制度をどのように構築するかについて平易に説明致します。今回人事制度の全体を俯瞰するにあたり、最も重視したのは実用性です。本書の中で叙述あるいは提案致しましたどれか一つにでも共感を頂き、実行に移して頂ければ幸いです。

山口忠明

第 I 章

評価

組織
風土

配置

等級
制度

研修
育成

報酬

採用

人事制度の全体像

　一言で人事制度と言っても、どのような切り口から入るかによって、種々の考え方があります。私は人事制度を以下のような切り口から構築しています。

　制度の根幹となるものが、役割（職務）等級制度だと思います。この等級制度を囲むようにして、図にありますように評価制度、配置制度、報酬制度、採用制度、研修育成制度、そして組織風土の構築があります。図からお分かりのように、等級制度はそれ以外の全ての各制度と結びついています。そして又、各制度も等級制度のみならずその他の諸制度とつながっています。例を示しますと、評価の結果が配置や報酬に影響を与えるように構築されています。各制度は相互に有機的につながっているのです。

　これらの制度の根底にあるのが人事制度の社員に対する透明性の確保です。社員は何を目標に働き、どう働けば、会社に貢献でき、又、その実績が評価され、その結果企業内の地位が上がり報酬が増加するのかを知らないのでは意欲を持って働けません。このような要求に応えられるのが、透明で公正な人事制度であると思います。

　本章ではまず始めにこれら各制度の概要を述べ、次章以降で各制度についての詳細を述べたいと思います。

第1節　等級制度

　いくつかある等級制度の説明をした上で、現在最も優れていると考えられる役割（職務）等級制度について説明します。

　本制度は、企業が価値を置く役割（職務）を基準に設定された等級制度です。

　本制度については、役割等級の定義、役割等級と職位の関係、職種別等級制度、本制度導入時の社員の新等級へのポスティング、本制度運用のための留意点そして職務記述書について述べます。

　職務と役割は近い関係にありますが、職務は、営業部長や経理課長のように、仕事の部門・部署（営業や経理）及び職位（部長や課長）を示します。

　一方、役割は、職務より広い概念で、６等級の役割、５等級の役割のように等級で示し、組織横断的に規定します。責任の大きさ、管理する資源（ヒト、モノ、カネ）の大きさ、組織に及ぼす影響度、そして個人の人間性等を基準に決めます。従って、等級制度の組み立て方によって、職位と役割が一致する場合は、部長は営業部長も経理部長も同等級ですが、一致しない場合は、職位は例えば同じ部長でも、役割の大きさで６級職の部長と５級職の部長が存在し得ます。役割（等級）と職位（部長等）が、一部の等級で分離する仕組みの方が、役割等級制度の柔軟な運用を可能にすると思います。

評価制度

　評価制度は総合業績評価制度及び目標管理制度の２つの個別制度により運用するのが最適であると考えます。しかしながら、最終的には両制度が有機的につながって、１つの制度として役割を果たすのが本来の姿であると考えます。

▷ 評価制度概論

　適正な評価制度の構築には、まず最初に、評価の目的、評価の重要性、評価の前提条件、誰が評価者か、評価の正しいプロセス、評価者が陥りやすいエラー、評価のフィードバック方法、そして評価と人材育成の関係を知ることが必要です。

▷ 総合業績評価制度

　本制度は通常年１回実施し、後述の目標管理評価の結果を業績評価結果として使用し、その他の評価項目は定性的な項目を設定します。定性的評価項目は大きく分けて、情意評価、知識技能、能力評価及び指導力とし、同じ評価項目でも、管理職と一般職では地位の違いを反映させて、内容を一部変えます。

▷ 目標管理制度

　本制度は、半年あるいは１年の期間中に上司と社員とが合意した

目標項目の遂行結果を査定し評価するものです。ここでいう目標は、会社の方針や計画が部門計画に落とし込まれ、以下同様に末端の社員に至るまで、会社の計画等が何らかの形で、各社員の目標に組み込まれるものです。この結果、社員は自分の目標が会社あるいは部門の目標と一致することが認識でき、最終的に会社に対する貢献度が高まることが期待できます。

▷ 上記２制度のリンク

　総合業績評価制度と目標管理制度は基本的には別個に運用されますが、両者は年度末にリンクされます。この方式により、年度評価のために別個に業績評価をする必要がなく、業績評価は目標管理表によって評価されますので、評価の重複を避けることができます。運用面でも合理的な評価方法と言えます。

第3節　　配置制度

　配置には大きく分けて、垂直異動（昇降級・昇降格）、平行異動（等級や職位は変わらず職種・部門が変わる）、そして両者が同時に起こるケースがあります。

▷ 垂直異動

　垂直異動は社員の昇降級・昇降格を指します。昇降級はあくまで前述の総合業績評価の結果を反映するものでなければなりません。配置制度は評価結果と昇降級をどのように結びつけるかを制度化したものです。

　社員の業績・貢献度の評価測定をするために総合業績結果を使用します。多くの企業は評価項目の中で業績・貢献度を重視する傾向があります。こうすることによって、評価制度と昇降級制度が有機的に結びつきます。昇降格は、本人の成績のみならず、会社の特定の職位への補充の必要性からも判断されます。

▷ 水平異動その他

　水平異動は昇降級や昇降格を伴わない他部署等への異動です。例えば営業部から人事部への異動のように、職種が変更する場合もあります。

　異動には、その他に社内公募（ジョブ・ポスティング）制度、ジョブ・ローテーション制度、プロジェクト・チームへの参加等があります。

第4節　　報酬制度

　報酬は大きく分けて、基本給、賞与（ボーナス）及び諸手当から
なります。日本においては生活給確保の観点から、基本給に比較し
て、諸手当の比重が大きかった傾向があります。しかしながら諸手
当の多くは、家族手当、住宅手当、教育手当等属人的手当で、当該
社員の企業への貢献度や保有する責任の大きさには直接関係のない
項目からなっています。これを改め、報酬制度の基本は役割等級あ
るいは職務等級に基づいて決定される基本給とすべきで、基本給と
賞与（基本給の係数倍を基準として使用しますが、それに業績達成
度を加味する）が報酬の中核をなすべきだと思います。更に、上記
以外に報酬制度の重要項目として考えられる、退職金制度及びその
他のインセンティブ制度についても触れます。

▷ 基本給

　このような考えの下での基本給は、前述の役割（職務）等級にマ
ッチしたレンジ（範囲）給とするのが最良であると考えます。具体
的には、各等級ごとに最低額及び最高額を設定し、当該等級を付与
された社員はそのレンジの最低額を保証され又、そのレンジの最高
額以上は支給されないというものです。そのレンジの最高額に達し
た社員は、等級が上がらない限り基本給額は頭打ちとなります。

▷ 賞与

　賞与は目標管理表の評価結果を基に支給額を決定します。従って、前述の通り賞与は業績達成度に応じて支給されることになります。但し業績主義を和らげるために、賞与の年間総額の50%を従来の方法、残りの50%を業績評価の結果に応じて毎期増減させる方法もあります。

▷ 諸手当

　社員各々の役割等級の高さによって基本給を定める等級制度では、役職手当等、役割・職位に応じて支払われる手当などを除き、諸手当は削減・廃止の方向で考えます。しかし家族手当（扶養者手当）及び住宅手当等は、日本においては歴史的に長く存在してきたことを考慮して、存続させることも合理的であると考えます。

第5節　採用制度

　今日でも採用は空席ポジションの充当と考えられています。このような短期的ニーズを満たすだけでは、効果的、効率的採用とは言えません。採用制度とは、全社人員計画、役職別・部門別採用計画、採用方法の決定等からなります。

| 第6節 | **研修育成制度** |

今日、採用の困難な環境下で益々重要性を増しているのが、既存社員の能力アップです。

足下から始める、すなわち既存社員の能力アップから手を付けるのは最も合理的な方法です。育成には階層別研修、専門分野別研修、その他研修があります。

▷ 階層別研修

階層別研修は新入社員、初級管理者、中級管理者、及び上級管理者等に分けた横断的研修で、それぞれの企業が、階層ごとに求める共通の資質、資格、一般的知識等を付与するためのものです。

▷ 専門分野別研修

専門分野別研修は種々の技術、知識、ノウハウの伝授をするための研修で、社員の個々の能力アップの中心はここにあります。

▷ その他研修

その他研修は、語学研修、コンプライアンス研修、セクハラ・パワハラ防止研修等多岐に亘ります。それぞれの会社で必要な、特定職種に限定しない広範囲な社員を対象とします。

▷ オンザジョブトレーニング（OJT）

　OJT（業務を通じてのトレーニング）も大変重要な研修です。職場で行う研修ですが、上司が気の向くままに行うようなものではなく、組織的、機能的に行うべきものです。

第7節　組織風土

　社員のモラールを上げるための施策を総称して組織風土の改革と呼びます。
　その内容は社是、ミッションの作成、表彰制度の設置、種々の社内イベントの計画等です。

第 II 章

役割(職務)等級制度

　さて、ここからは各論に入ります。

　等級制度は人事制度の根幹をなすもので、この制度なくして他の人事制度は成立しません。等級制度は、その根拠を何に置くかによって、いくつかの制度に分かれますが、代表的、伝統的な2制度を概観した後に、本書の中心となる役割（職務）等級制度について述べたいと思います。

第1節　役割等級制度に先んじる制度

　今日、ほとんどの企業で何らかの等級制度を採用していると思いますが、何を基準（基礎）として構築されているかにより、いくつかの等級制度に分かれます。

　2000年くらいまでは、次の2つの制度が一般的でした。

▷ 年功序列型等級制度

　戦後の日本の経済成長を支えたと言われる主制度の1つで、今日でもこの制度を採用している企業は中小企業を中心に数多くあります。この制度の基本は学歴と年齢もしくは勤続年数です。中卒、高卒あるいは大卒等を概ね新卒で採用し、同じ学歴の者同士には能力や貢献力に大差がないという前提で配置し処遇するものです。実際には、この制度でも、最後まで年功序列を貫くわけではなく、早ければ入社10年前後、遅くても20年前後からは、業績や貢献度に応じた処遇に転換していきました。しかしながら、近年の技術革新のテンポの速さ、市場の変化の速さ、グローバル経営の複雑さ等の進展により、社内タレントの早期発掘、適材適所の配置、貢献度に応じた処遇の必要性が増し、もはやこの制度では企業経営が成り立たないという考えが定着してきていると思います。

▷ 職能等級制度

　社員各人の職務遂行能力（保有能力）を基礎とする等級制度です。本制度は、前述の年功序列型等級制度よりは時代に合った制度と考えられますが、職務遂行能力は潜在能力であり発揮されたかどうかを評価するものではないので、成果業績に直接連動する等級制度ではありません。

　このような保有能力をベースとした評価では、第三者から能力は見えにくいので、ややもすると、能力は勤続年数に応じて増加するという考え方に陥りやすく、結果的に擬似年功序列型等級制度とあまり変わらない制度になっていきました。それゆえ、この制度は年功序列型等級制度から大きく発展した制度とはいえず、高まる成果主義組織への要望には、十分に応えられないものとなりました。

第2節　役割（職務）等級制度

　本制度は、企業が価値を置く役割（職務）を基準に設定された等級制度で、現在最も有効と考えられている制度です。前述2制度は、いわば人に役割（職務）を付ける制度で、本制度は役割（職務）に人を付ける制度です。

　役割は職務よりは広い概念です。職務は営業部長、製造部長、購

買課長、経理課長、人事係長等で、職務の種類及び職位（職階）を示します。役割は６級職の役割、５級職の役割など、組織横断的に決めます。同じ等級にある社員でも例えば、部長であったり次長であったりします。それは５級の中で役割の相対的に大きな社員は部長で、相対的に小さな社員は次長と決める場合です。同様に役割の相対的に大きな部長は６級で役割の相対的に小さな部長は５級ということもあります。このように等級と職位の分離が一部の職位で生じますが、そのことが、役割等級制度の柔軟な運用を可能にする一つの利点でもあります。

　以下本章では、この役割（職務）等級制度の内容について述べます。

コラム①　等級数を決める基準と最適等級数

　一般的に等級数は５級程度から10級超までであり、企業規模（社員数）が大きいほど、又組織が複雑になるほど、等級数は多くなる傾向があります。官庁や地方自治体などいわゆる"お役所"は過去も現在も等級数が比較的多いです。

　等級数は多ければそれだけ細かな社員管理ができるメリットがありますが、運用上はそれだけ煩雑になり必要以上の時間と労力を要します。逆に少なすぎると社員間の役割・

責任・能力等に基づく公正な差別化が十分行われず会社全体として組織運用上困難に直面することになります。社員数が50～150名程度の組織を前提としますと、私の経験では6等級が組織運用上、最も適していると思います。

▷ 役割等級定義

　各等級には定義（等級資格要件）を設けます。定義は、役割の大きさ、役割の責任の重さ、管理する資源（ヒト、モノ、カネ）の大きさ、組織に及ぼす影響度、要求される人格の高さ、要求されるコンプライアンスの高さ等を基準に、組織内で横断的に決定します。設定する等級数により内容の段階付けは異なりますが、一例を挙げると次頁の表のようになります。これは中小企業で一般的な6等級制度の6等級（最上位）の定義です。1級から6級までの全体の役割等級定義は巻末の添付資料①にあります。

　等級は従業員に付与するものですので、取締役以上には付与されません。

　常務取締役クラスを最高等級に位置付けている例もありますが、私の考えは、取締役以上は経営者ですので等級からは除き、従業員の最高職位（本部長・部長）を最高等級にマッチさせるのが適当だと思います。執行役員は従業員ですので、等級の最高位に含めることは可能です。

等級	資格基準項目	資格基準要件
6	役割	取締役を補佐し、担当部門の利害を超えて、全社最適化の視点から、取締役会の決議事項を最適な方法、最高の効率で遂行し企業利益を創造する。
	組織へ影響を及ぼす範囲	社員のレベルで、組織へ最高の影響力を有する。
	責任・権限（支配する資源の大きさ）	社員のレベルで最高の責任及び権限（ヒト・モノ・カネ）を有する。
	管理・報告関係	取締役及び取締役会に報告し、担当部門社員を管理する。
	計画・立案	全社の経営方針・戦略・計画の作成に参加し、担当部門の目標・計画等を最終立案責任者として提出する。
	遂行	承認された部門目標・計画を社内外の資源を最大限に活用し、予算支出を管理して、所定の部門利益を実現する。
	知識・スキル	職務に必要な知識及びスキルを保有する。更に職務に要求される資格を保有する。
	判断・決断	平時及び緊急時に冷静な判断を下し、最適な決断をする。
	折衝・調整	相手の主張にも十分敬意を払い、自己あるいは自部門の主張を明確に相手に伝え、決定した内容を実行するために関係者の協力を得る。
	コミュニケーション	部内及び関連部門と情報交換を行い、情報の共有を積極的に行うと共に、上位者及び下位者との報告・連絡・相談を適切に行う。
	顧客指向	顧客第一主義の信念を持ち、顧客ニーズを満たし、顧客満足度を向上させ、顧客の問い合わせ、クレーム等に迅速且つ適切に部下を指示し対応させる。
	人格・倫理性・執務態度	職務において、会社を代表できる人間として高い人格、倫理性を有し、且つ模範となる執務態度を示し社内外の人望を得る。

等級	資格基準項目	資格基準要件
6	コンプライアンス	社内外の法律・規則等を遵守し、優れた情報管理を実行し、最高度のコンプライアンスを実践する。
	指導力	平時及び緊急時に部門社員等を強いリーダーシップを発揮して統率する。
	部下の評価・配置	部下の部長・次長・課長等の評価・昇降級・昇降格・異動に直接関与し、それ以下の部門社員の評価等の最終責任者となる。部下の適正・公正な評価に基づき適材を適所に配置する。
	人材発掘・採用・育成	全社的レベルで人材の発掘・採用に関与し、中長期的に人材の育成を率先する。

コラム②　各等級の実際の決め方

　以下6等級を前提に説明します。まず社員の最上位（取締役以上を除く）から最下位までの職位（部長、課長、係長、一般社員等の役職名）を列挙し、上から社内序列の順に6等級のいずれかの級に配置します。最上級の6級には部長をマッチさせるのが一般的ですが、6級内の上位職位として本部長を含むこともあります。次に5級ですが、ここには、役割の大きさ、責任の大きさ、管理の複雑さ等でより小さな部長、室長あるいは次長をにポスティングします。4級は管理職の初任級職と位置付けられ、一般的には課長をマッチさせます。3級は非管理職の最上位としこれ以下の一般職の指導を行える、通常は係長、主任をマッチさせ

ます。２級は４年制大学卒業者の初任級で、通常３級への昇級には３～４年は要する場合が多いので、この級の社員の間には仕事の熟練度等にかなりの開きがあります。そして最下位の１級です。この級は高卒あるいは短大卒の初任級ですが、２級への昇級に短大卒で最短２年程度、高校卒で最短４年程度掛かるとしますと、やはり仕事の熟練度等にかなりの開きがある場合があります。

コラム③　等級定義作成のコツ

　各等級の定義は基本的に、役割の大きさ、責任の重さ、管理する資源（ヒト、モノ、カネ）の大きさ、組織に及ぼす影響度、要求される人格の高さ、要求されるコンプライアンスの高さ等により決定されるのですが、既存の役割・役職定義がある場合には、それらを十分に活用するのが継続性の確保の点、実務上の負担の軽減等から、勧められます。実際には、既存の職位（役職名）をグループ化して作成した等級ごとに、上記基準に基づいて要求される項目ごとの水準を記述します。その結果、等級に応じた項目や要求水準の差別化がなされなかった場合はそれらの見直しを行い、等級間の差をできるだけ明確に設けることが大切で

す。その際、現状の記述だけにとどまらず、未来志向的に
あるべき、あるいはあって欲しい項目や水準を加味すると
より充実した等級定義となります。

▷ 役割等級と職位の関係

　役割等級と職位の関係例は6等級制度では以下のようになります。

　管理職と非管理職、管理職内、一般職内の階層が明確になるように等級呼称を付け加えました。以下では、3級は指導職という等級呼称とし、管理職ではない一般職の上級職の位置付けとしました。

等級	呼称	職位
6級	統括管理職	本部長・部長
5級	上級管理職	部長・次長
4級	管理職	課長
3級	指導職	係長・主任
2級	一般職	上級一般職（大学・大学院卒新入社員への入社時付与級）
1級	一般職	一般職（高卒・短大卒新入社員への入社時付与級）

　各等級に位置する社員は、等級内でそれぞれ、A（上級）、B（中級）、C（初級）のように更に細分化された級に位置付けられる場合がありますが、社員数が100名程度の組織では細分化の必要性は

少ないと言えます。同一等級内で上下があることで、同一等級に複数の職位を設けることができます。例えば、３等級に係長と主任、５等級に部長と次長の職位を設ける等です。この同一等級複数職位制は昇級者が必ずしも同時に職位が上がるとは限らず、逆に職位が上がっても昇級にならない場合があります。前者の例は、５級の部長から６級の部長に異動した場合であり、後者の例は、主任から係長に昇格した場合です。同一等級複数職位制は職位の乱造を回避し、コンパクトな等級制度の構築を可能にします。

コラム④　等級と職位の関係の整理

基本的にはコラム②で説明しましたように、既存の職位を各等級に割り振ることで、等級と職位の関係が成立しますが、この機会に既存職位が多すぎる場合は整理統合をし、又より実態を表す職位名称に変更するのも良いでしょう。

▷ 職種別等級制度

社内職務が明確に区別される場合は、職種別グループ（職群）ごとに等級制度を作ることができます。例としては、営業職、事務職、製造職、技術研究職などです。この場合でも例えば、４級職まで個

28

別で、上級管理職である5級職以上は全社共通の定義を使用するのが合理的です。上級管理職以上では、個別業務の差異よりも上級管理職としての業務の共通性の方が大きいので、このような方式を取ります。

このような制度を構築する場合は、異なる職群では、例えば4級職までの等級呼称及び職位名称はそれぞれ異なっていても構いません。

▷ 新制度導入時における社員の 新等級へのポスティング

新等級制度が完成したら、該当する在籍社員（通常正社員）を新等級にポスティングする必要があります。その際留意する点は以下の通りです。

① ポスティング時点でのそれ以前の業績評価結果及び、上記等級定義表に基づいた査定を行います。その際、年功で昇級してきた社員は降級される可能性があり、又逆に実力・実績のある社員は昇級の可能性があります。

② 職位は該当等級で最もふさわしいものを付与します。この結果賃金（基本給等）の変更を必要とする場合があります。

▷ 役割等級制度の運用のための留意点

① 以前の制度を全て破棄する場合を除き、新制度導入は、できる限り既存制度との折り合いを考慮します。

② 適格者不在のため空席の等級、該当者のいない職位があっても問題はなく、体制が充実してくるにつれて、徐々に空席が埋まるのを待ちます。

しかしながら、組織にとって不可欠な職位があり、空席のままでは経営上支障をきたす場合は、当該職位に最もふさわしい社員を登用し、相当級に昇級させ当該職位を付与すべきです。

③ 新人事制度（等級制度以外にも評価制度、報酬制度等を改定の場合はそれら全ての制度）を導入する際は、事前に社員説明会（労働組合があればそれも含む）を開催することが必要です。説明会には人事担当取締役、場合によっては社長の同席が望ましいです。説明会の時期は新制度発足の１～２カ月程度前が適当かと思います。

④ 新制度はできれば、新会計年度と同時に開始となるのが、運用上も好ましいです。

⑤ 新制度適用社員への通知は新制度発足の１週間ぐらい前が適当です。通知には変更がない項目も含め（新等級、新職位、新基本給、諸手当等）書面で行います。

第3節　職務記述書

役割等級定義表とは別にその定義表の一部を使用して職務記述書

（Job Description：ＪＤ）の作成が必要です。ＪＤは全ての職務（ポジション）に要求されるもので、職務ごとにその役割・使命、主要職務、日常担当業務等が記述されます。等級定義と比較して、より具体的で、日々の実務を遂行する上で指針となるものです。

　全ての職務記述書には、その記述内容を基にして、役割等級が与えられます。最高位の職務には６級、学卒新入社員には２級等です。

　特定のポジションが空席となった際、社内から補充する場合は、有資格者の中から当該ＪＤの条件を最も満たす社員を選任し、外部から採用する場合は、ＪＤを採用スペック記述書として利用します。

▷ 職務記述書の必要項目

　ＪＤには種々のフォーマットが存在しますが、一例を以下に紹介します（添付資料②を参照下さい）。

① 　職務（ポジション）の名称

② 　所属部門

③ 　勤務地・場所

④ 　氏名

⑤ 　指揮命令（上位職位＆下位職位）

⑥ 　役割・使命（所属部門＆当該職務）

⑦ 　主要職務

⑧ 　担当業務及び管理承認業務

⑨ 　財務責任

⑩ 　必要とする知識・スキル

⑪　必要とするあるいは望ましい保有資格

⑫　必要とするあるいは望ましい経験内容＆年数

▷ 職務の種類と職務記述書

　原則として、職務記述書は全ての職務（ポジション）に作成しますが、全く同じ職務が複数存在する場合（例えば、一般的なコール・センター業務やデータ入力業務等）は１種類の職務記述書で賄えます。しかし同一業務でもスキル、判断力、指導力などの面で差異を要求するポジションであれば、異なる職務記述書が必要となります。例えば、スキルでいえば、初級レベル、他人の助けを借りないで業務が遂行できるレベル、そして、他人を指導できるレベルなどです。

コラム⑤　職務記述書の作成者

　職務記述書を初めて作成する場合は、各部署で該当者とその上司とで共同して作成します。そのためには、フォーマットをあらかじめ人事部で用意しておくと必要記入事項のモレやダブリがなく、又全社的に統一性が確保されて整ったものになります。該当部署で作成された職務記述書は人事部でレビューし、必要な修正を行い、該当部署の同意

を得た上で完成させます。全ての職務記述書は人事部で保管し、該当者及びその上司はコピーを保有します。当該職務内容を変更した場合は、当該部署及び人事部との共同で速やかに修正します。

▷ ジョブ型雇用への移行に必要な職務記述書

　最近、日本を代表するような大企業で、人事制度を一括新卒雇用型（メンバーシップ型雇用）からジョブ型雇用に転換するというニュースが増えてきています。

　この転換は、ある意味では経験や年功を重視する年功序列制度から、業績や専門性を重視する制度への転換ともいえます。ＩＴの急速な進歩に伴い、各業務分野で必要とされる技術、知識やスキルの変化のスピードが速くなり、過去の技術や経験の蓄積よりも将来の変化に対応できる能力が優先される時代になりました。その結果、幅広い業務をこなせる経験を保有するが、どの分野の専門家でもない人よりも、特定の領域の専門家で、その領域の進歩にもついていけるポテンシャルを保有する人へのニーズが高まります。このような状況では、今までのように人を仕事（ジョブ）につけるのではなく、仕事（ジョブ）を人につけることになります。これを実現するためには、仕事の内容が明確になっていなくてはなりません。それを実現するためのツールが職務記述書です。ジョブ型雇用の時代に

不可欠なのが、職務記述書であるといえます。

コラム⑥　職務記述書のメリット

　職務記述書のメリットは次の4つです。

① 　全ての社員に明確にその役割、職務内容を明示することにより、社員の働く方向、目標が定まり、組織として個々の社員の生産性向上が見込める。

② 　社員の業績評価を行う際に、社員の業績達成度・貢献度等を該当する記述書の内容に照らしながら評価できるので、より公平で効率的な人事評価を行うことができる。

③ 　内部昇格及び外部からの採用時に該当する職務記述書を利用することで、より的確な採用・配置転換を実施できる。

④ 　全ての職務記述書には該当する等級番号を記入するので、職位と等級との関連が見やすくなり、等級制度の周知の一助となる。

▷ 国際化時代に適合する職務記述書

　海外企業では職務記述書の使用が一般的です。特に欧米人は雇用契約を結ぶ前に、仕事内容を明確にすることを要求します。仕事内容と報酬などの対価の妥当性は仕事内容が明確でないと判断できません。従って、新規に採用される者にも、既存社員で他の職位や業務に配置転換される者にとっても、職務記述書は最も大切な拠り所となる書類です。現在も急速に進行しつつある外国人の雇用、あるいは日本企業の海外進出に対応するためにも、職務記述書の整備は欠かせないと思います。

▷ 職務評価

　個々の職務の大きさをより正確に測定するためには、職務ごとに職務分析を行い、その結果に基づいて等級を決定します。その場合は、要素別点数表を使用し、職務価値を構成する要素ごとに点数をつけて、その合計点を高い順に並べ、最高点から最低点の間を一定の階層（等級）に分けグルーピングします。

　しかしこの方法は、各職種ごとに数十から数百の項目ごとに採点し、合計を算出する非常に煩雑なものですので、社員100名ぐらいの企業においては、前述の役割等級定義とＪＤを用いて等級付与を実施するのが、公正さをゆがめず、且つ効率的に実行できるものと考えます。

第Ⅲ章

評価
（1）

組織
風土

配置

等級
制度

研修
育成

報酬

採用

評価制度
（1）評価制度概論

　社員が会社を辞める原因の7割以上は上司との人間関係が悪いか、上司に不満を持ったからであるという統計があります。一言でいうと上司との信頼関係を築けなかったということです。上司との信頼関係を築く上で重要な項目の一つに、公正な業績評価を受けることが挙げられます。しかしながら残念なことに、多くの企業で未だ公正な業績評価が行われていないのが現状です。本章ではその業績評価の重要性及び実施方法について述べたいと思います。更に次章及び第Ⅴ章において、総合業績評価制度及び目標管理制度の2つの個別制度について述べます。

　評価制度は総合業績評価制度及び目標管理制度の2つの個別制度により運用するのが最適であると考えます。しかしながら、最終的には両制度が有機的につながって、1つの評価制度として目的を果たすのが目標です。

第1節　評価の目的

一義的には、

①　社員の公正な処遇（昇級・昇格・昇給・賞与の支給等）を行うため。

②　人材の育成に結びつけるため。

そしてその結果、離職率の低下、採用費用の削減、愛社心の醸成、持てる人材の戦力アップ、内部昇格者の輩出、社員モラールの向上等、社員の生産性の向上及び、コスト削減を達成するためです。

第2節　評価の重要性

評価の重要性は、評価をされる側（被評価者）と評価をする側（評価者あるいは最終的に会社）の2面から見ることができます。

▷ 被評価者にとって

①　昇級、昇格、昇給、キャリアパス向上等に直結する評価結果を定期的に得られる。

②　評価プロセスを通じて、自己の長所を認識し、改善すべき項目を確認し、今後の自己啓発に資することができる。

▷ 組織及び評価者にとって

① 公正な評価を行うことで、社員に満足感や会社に対する信頼感
   を与える。又その結果を昇級・昇格や昇給に連動させることで、
   社員を公正に処遇し、且つ社員個々人のキャリアパスに沿った
   自己啓発を支援することができる。

② 評価を行うことで、個々の社員の知識、スキル、能力をより的
   確に把握することができ、その結果社員のより適正な配置が可
   能となり、適材適所を進めることで組織の効率を上げることが
   できる。

③ 評価結果を活用することで、組織のニーズに対して不足してい
   る職務ポスト等が明確になり、より効率的、且つ客観的に採用
   活動が実施できる。

④ 評価を通じて、評価者の管理（マネジメント）能力の向上を期
   待できる。

第3節　評価の前提となる3条件

　評価を行うには、それを適正に実施するための前提条件が3つあ
ります。これらの条件が1つでも欠けると、適正な評価とは言えな
くなります。

①　公平性

　評価者には性格的に、評価の厳しい人、甘い人、あるいは無難な評価を心がける人がおり、全ての人はこのような自分の属性に少なからず意識的・無意識的に引きずられます。この欠点を改善するには、自己の性格、傾向を知り、陥りやすいマイナス部分の改善に意識的に取り組むこと、及び評価者研修に参加して評価技術を習得することが大切です。

②　透明性

　評価基準は事前に社員に周知するものです。社員はどのような評価項目があり、各項目の重みづけはどのようであるかを事前に知ることによって、働く目標が定まります。

③　納得性

　評価は被評価者の納得を得て初めて成り立ちます。評価者は常に被評価者の合意を得られるとは限りませんが、納得を得られるように最大限の努力をしなくてはなりません。納得を得るためには、評価結果につき成果が出た良い点、努力は認めるが結果が伴わなかった点、今後改善を必要とする点等を具体的に示す必要があります。又今後の改善計画については特に重要で、改善項目のみならず、本人と合意したキャリアパスの実現のためにも、被評価者に対する評価者の支援が大切です。

第4節　評価者

　公正な評価を実現するためには、評価者を制度化する必要があります。評価者は3者とするのが、公正で且つ実用的と考えられます。

　最初の評価者は被評価者本人です。自己を評価することはなかなか難しいことですが、自己評価を基点にして、本人が自他の評価の差異を認識することは、本人の将来の改善のための重要な指針となります。

　次にくる1次評価者は被評価者の直属上司です。直属上司は本人の日常の勤務状況を一番よく知る立場にあるわけですから、直属の上司を除いた評価はありえません。

　そして3人目の評価者（2次評価者）は、直属上司の上司（1次評価者）です。2次評価者の存在は、1次評価者の評価のブレや偏りを是正する役割を担います。

　最終評価には2次評価者の評価結果を取ります。

　会社によっては部門間の評価の偏りを是正するために、部長や役員レベルで評価委員会のような機関を設置し、その機関の決定を最終評価とする場合もあります。会社全体で真に公正な評価を行うには、このような評価委員会の設置が望まれます。

第5節　評価のプロセス

　評価のプロセスは原則1年を単位として、ＰＤＣＡのマネジメント・サイクルを回します。

P（Plan）：　　期首に当該年度の会社目標及び個人の目標設定等の面接（期末面接時に同時に行ってもよい）を実施します。

D（Do）：　　　期中に該当社員の日々の業務の観察を行います。本プロセスの中で、この項目以外は"点"ですが、このプロセスは"線"で、期中を通じて継続的に行われる最も重要な段階です。

C（Check）：　期中に中間面接、及び年度終了時に業績の達成度や貢献度の年度評価を行います。期末面接は勿論のこと、期中の中間面接は本人の行動に修正を加えたり助言を与えて、当該期間の成績向上に寄与することが多いので、大変重要です。

A（Action）：　評価確定後に評価者による被評価者の面接を行い、評価結果の説明及び職務改善・育成のための助言を行います（フィードバック面接）。

第6節　評価の実践

　実際に人事評価を行うには、基準とすべき原則や決まりがあります。会社によって若干の差異はありますが、概ね次のようなものです。

▷ 評価の原則

① 事実評価の原則：評価は必ず起こったことや事実に基づいて行い、決して想像や推定で行わない。

② １行動、１評価項目適用の原則：１つの出来事は１つの評価に使い、１つの出来事、行動を複数の評価基準に当てはめない。

③ 評価期間の原則：評価期間内の出来事を評価対象とし、その前後に発生した出来事は評価対象とはしない。

④ 評価範囲の原則：原則的に評価対象項目は社内及び勤務時間内で発生した事項を対象とし、社外及び勤務時間外の出来事は評価対象に含めない。但し会社の名声を高めたり反対に傷つけたりする行為は社外及び勤務時間外で発生しても評価対象に含めることがある。

⑤ 平等の原則：決して依怙贔屓をしてはならない。

⑥ 評価材料補充の原則：評価者に、被評価者の評価をするには明らかに情報が不足している場合（評価者の部下として異動してきてから期間が短い等）は、前評価者の意見を参考にする。

⑦　秘密厳守の原則：評価者は、被評価者の評価結果を、自分の上司及び人事部の担当者以外に口外してはならない。人事評価結果は社内秘である。

⑧　手続き厳守原則：あらかじめ定められた評価の方法、所定の書式の使用、又期限等評価に係る社内手続きを厳守しなくてはならない。評価結果は社内で決められた時期に行われる昇級、昇給等に利用されるので、後工程を配慮した行動が求められる。

▷ 評価の着眼点

　評価は総合評価を志向すべきであり、多面的評価が望ましいです。以下の着眼点が重要です。

①　業績、専門性（能力・スキル）、協働性、リーダーシップ、意欲、態度、自主性、責任感などの観点から実際の行動結果を評価する。期中に本人が発揮した取り組み姿勢も評価の対象になる。

②　日々の被評価者の行動を観察し、個人別に観察結果を記録する。記録帳には氏名、日付け、行動結果（2～3行）、今後の対応（1～2行）欄を設ける。観察は人事評価が近づくと行うものではなく、1年を通じて実施する。評価観察は客観的に行い、感情的に行わない。又観察は監視ではないことを強く自覚する。

③　評価は絶対評価を行う。他者との比較ではなく、評価基準と本人の行動結果とを照らし合わせて判断する。

④　本人の職務改善及び育成に結びつける意図をもって行う。

▷ 評価者が陥りやすいエラー

　人間が持つ様々な特性や性格が公正な評価をする時の妨げになることがあります。それらの代表的項目を以下に示しますので、十分気を付けて頂きたいと思います。

① ハロー効果：評価する時に、その人が持つ顕著な特徴（良い面の時も、悪い面の時もある）に引きずられて他の評価も同様だとする現象のこと。

② 寛大化／厳格化／中心化傾向：人は大抵、どちらかと言うと寛大（甘い）か、厳格（辛い）か、中心的（厳しい判断を嫌い中くらいの評価をする）かである。自分の傾向を見極めて、それに引きずられないようにすることが必要である。

③ 期末効果：最近時に起こった事柄の記憶はしばらく前に起こった事柄より記憶に残りやすいので、最近時の出来事を実際よりも大きく見る傾向がある。最近時に良くできたことは、すごく良くできたように見え、失敗したことは、大失敗に見えることがあるので、注意が必要である。

④ 論理的誤謬：評価項目Ａの高い人は、評価項目Ｂも高いはずと思いこむこと。これは評価項目Ａと評価項目Ｂの違いを理解していないことに由来することが多い。評価前に評価項目それぞれの検討が必要である。

⑤ 対比誤差：自分と対比して、人を評価すること。自分が数字に明るいと、普通の人でも数字に疎いように見え、評価を下げて

しまうことがある。反対に自分がＰＣ操作に不慣れだと、自分から見てそれに秀でている人は、周りから見れば平均的であるにもかかわらず、良くできるという評価をする。

⑥　帳消し考課：プラスの評価項目とマイナスの評価項目を足して、平均的評価をする。これは１行動、１評価の原則にも反することで、良い点と悪い点はそれぞれ別々に評価する。

第7節　評価のフィードバック方法

　評価を終え、最終評価が決定された後で、フィードバック面接が行われます。

　評価の最終段階で、その総決算的性格を有する大事なプロセスです。その目的は中間及び年間評価結果の説明をすること及び職務改善・育成のための助言、カウンセリングを行うことです。その目的は第３節で述べた評価の前提となる３条件の内、③納得性を得ることです。

　具体的なフィードバック方法は以下の通りです。

①　期中・期末の２回は最低実施し１回につき30分〜１時間を予定する。

②　１対１で個室で行い、その間は携帯電話等を切り外部を遮断し、面接に集中できる環境を確保する。

③　面接の内容は評価に関係する内容に限定し、評価に関係のない
　　進行中の仕事の話や世間話は避ける。但し、リラックスした雰
　　囲気を作ることを心がける。

④　被評価者の意見を傾聴する。評価者の発言は面接時間の50%
　　以下にするように意識的な努力を行う。被評価者に発言の機会
　　を十分に与え、且つ必要に応じて発言を促す。フィードバック
　　は対話であることを心がける。

⑤　被評価者の具体的な行動（事項・事例・数値・日時・場所等）
　　を基に説明し先入観や感覚に基づく発言はしない。

⑥　質問はクローズド（イエスかノーかの答えを引き出す）ではな
　　くオープン（何のために、どのように、何故したか等）な形式
　　を心がける。

⑦　面接中は決して怒らない。又 "だめだ" 等否定的な発言は極力
　　避ける。

⑧　評価の低い点や改善項目は初めに話し、その後に良い点を話す。
　　良い話から始めて悪い話に移っても、最後は又良い話で締めく
　　くる（心理的効果を狙う）。

⑨　部下の将来進むべき方向や展望につき意識的に十分に話し（目
　　安として面接時間の20%ぐらい）、その実現のための協力を約
　　束する。

コラム⑦　**自己評価と他者評価**

　自己評価のメリットは、自分の言動は全てとらえられるので評価に漏れがなく、当然のことながら、本人の納得度が高いことです。反対にデメリットは、自分を客観的に評価するのは難しいことです。一方他者評価のメリットは、客観性が高くより公平で、且つ被評価者の改善すべき点を指摘することができることです。半面、被評価者の顕在化された言動しか見えないので、評価の網羅性には欠けます。

　このように、自己評価と他者評価にはそれぞれ長所・短所がありますので、そのギャップを可能な限り埋められるように、被評価者はできるだけ客観的に自分を見つめるよう、評価者は日常の被評価者の言動をよく観察するように努力すべきです。

第Ⅳ章

評価
（2）

組織
風土

配置

等級
制度

研修
育成

報酬

採用

評価制度
（2）総合業績評価制度

　前章では評価の重要性や目的等一般論を述べましたが、本章及び次章では、その評価を具体的にどのように行うかについて述べます。まず初めに総合評価についてです。

　総合評価は、文字通り、社員を全人格的に評価しようとするものです。業績はもとより、情意、知識・技能、能力、指導力等社員の人間性を把握するための評価です。

　後述しますように、総合評価の結果は、社員の昇級、昇格、昇給、異動等に直接関連する非常に重要な役割を担います。

第1節　評価項目

　評価項目は業種や企業規模等によって異なりますが、最も一般的な項目を例に述べます。

　評価項目は評価対象（大項目）、評価要素（中項目）及び着眼点（小項目）のように３段階表示が分かりやすく、項目間の重複を避けられ、又使いやすいと思います。

① 　大項目

　大項目は、中項目や小項目と同様に、その設定には種々の切り口が考えられますが、本書では、業績評価、情意評価、知識技能、能力評価、指導力の５項目を選択します。

② 　中項目

　中項目は大項目をいくつかに細分化した項目であり、評価要素と呼びます。大項目の業績評価を例にとると、その中項目は目標達成度、仕事の質・量及び業務の効率・改善です。

③ 　小項目

　小項目は中項目を更に細分化した着眼点です。中項目の仕事の質・量を例にとると、その小項目は、仕事が正確で任せられた仕事を自己完結的にできたか、仕事の結果に不良や問題を起こしたことはなく、あっても迅速且つ十分に回復したか、難易度の高い仕事にも取り組んだかです。

評価項目は会社がその価値観、社是、社会的貢献の内容等を多角的に勘案して会社独自に作成するものです。更に管理職に要求する内容や程度、及び一般職（非管理職）に要求する内容や程度の違いを反映して、管理職用と一般職用の２つを用意することを勧めます。一般的に管理職は課長以上、一般職は課長未満で超過勤務手当が支給されるレベルの社員です。

▷ 総合業績評価例

　大、中、小項目に分けた総合業績評価表（管理職表）項目の例を以下にまとめます。これらを一表にまとめた管理職用総合業績評価表及び、一般職用総合業績評価表例は添付資料③を参照下さい。

①　業績評価（大項目）

　目標達成度（中項目）

　・予算・目標達成度はどうであったか（小項目）。

　・あらかじめ設定した（期中修正分を含む）予算・目標以外の項目の達成度はどうであったか（小項目）。

　・次年度の業績・目標達成に関わる仕事への取り組みはどうであったか（小項目）。

　仕事の質・量（中項目）

　・仕事の質・量共に地位にふさわしい結果を出し、期待を上回っ

たか（小項目）。

・仕事の結果に不良や問題を起こしたことはなく、あっても迅速
　且つ十分に回復したか（小項目）。

・難易度の高い仕事にも取り組んだか（小項目）。

業務の効率・改善（中項目）

・常に費用対効果を勘案して業務を遂行したか（小項目）。

・仕事の処理にあたり、優先順位をつけて行ったか（小項目）。

・業務の省力化・効率化のための工夫改善を提案し実行したか（小
　項目）。

・部下の改善提案を積極的に取り上げ、それらの実施を支援した
　か（小項目）。

② 情意評価（大項目）

責任性（中項目）

・会社の方針や目標を理解し、与えられた業務を完全に執行した
　か（小項目）。

・部下に権限を与え、それらの仕事の結果に対する責任を取った
　か（小項目）。

・仕事を所定の期限内に終わらせたか（小項目）。

積極性（中項目）

・担当業務の質的向上、量的拡大に関し意欲的に取り組んだか（小

項目）。

・チャレンジ精神が旺盛で、何事にも前向きに取り組んだか（小
項目）。

・指示を待つのではなく、何をしたら良いかについて自ら考えて
行動したか（小項目）。

協調性（中項目）

・他の社員と協力して業務を執行したか（小項目）。

・同僚が忙しい時に進んで助力したか（小項目）。

執務態度（中項目）

・社員の模範となる執務態度を保持したか（小項目）。

・上司の指示、命令を良く守り、誠実に勤務したか（小項目）。

・コンプライアンス（法律遵守に加えて、社内規範、社会の倫理
性や道徳観に従って、企業活動を行うこと）を実践したか（小
項目）。

③　知識技能（大項目／中項目）

・業務に必要な専門知識及びスキルを有し、それらを日常業務に
適用したか（小項目）。

・企業人として必要な一般的及び社会的知識を有し、それらを日
常業務に適用したか（小項目）。

・業務知識・スキルの向上に努力したか（小項目）。

・保有する業務に役立つ知識・スキルを、進んで他の社員と共有
　したか（小項目）。

④　能力評価（大項目）

決断力（中項目）

・常に状況や情報を見極め、会社及び部門に最適な結果をもたら
　す判断を下し、取るべき措置を速やかに決定できたか（小項目）。
・緊急時あるいは突発事態において、限られた情報等しか得られ
　ない状況下でも最適な決断ができたか（小項目）。

企画力（中項目）

・地位に応じたレベル（全社・部・課等）で方針・計画・戦略等
　を作成できたか（小項目）。
・方針・計画等作成の際に、会社や部門の方向性やニーズを十分
　に取り入れたか。

コミュニケーション力（中項目）

・上位者に報告すべき事態の判断ができ、要領よく報告・連絡・
　相談ができたか（小項目）。
・部内及び関連部門と情報交換を積極的に行い、情報の共有がで
　きたか（小項目）。
・情報管理力（必要な情報を適切な範囲で保有・共有し秘密保持
　ができていること）を有したか（小項目）。

顧客志向性（中項目）

・顧客第一主義の信念を持ち、顧客ニーズを満たし、顧客満足度を向上させたか（小項目）。

・顧客の問い合わせ、クレーム等に迅速且つ適切に対応できたか（小項目）。

折衝力・調整力（中項目）

・目標達成のために、案件に関与した部門と十分に話し合いを行ったか（小項目）。

・相手の主張にも十分敬意を払いつつ、自己あるいは自部門の主張を明確に相手に伝え、且つ所期の目的を達成したか（小項目）。

・決定した内容を実行するために、関係者の協力を得たか（小項目）。

⑤　指導力（大項目）

リーダーシップ（中項目）

・会社や部門のビジョンや短期・長期の目標・計画等を対象者のレベルに応じて、具体的に示したか（小項目）。

・目標を達成するために、下位者へ個々の職務を公平に配分し下位者のモラールを維持・向上させたか（小項目）。

・常に先頭に立って行動したか（小項目）。

人材育成力（中項目）

・下位者がトラブルや問題に直面した時に、必要に応じて迅速に相談に乗り、適切な助言を行ったか（小項目）。
・下位者の育成を熱心に実行したか（小項目）。
・下位者の業績評価を公正に行い、且つ被評価者から納得を得たか（小項目）。

第2節　評価項目の重みづけ

　評価項目はそれぞれ重要な項目ではありますが、その中でもとりわけ重要な項目があります。それらは、それぞれの会社によって違います。その違いはそれぞれの会社の価値観や、社是、ミッション、社風の違いに由来します。又、業績評価を重視するのは全ての会社に共通ですが、その度合いは会社によって異なります。重みづけは中項目（評価要素）ごとに行います。次に評価欄を省略した重みづけの一例を示します（重みづけを含めた総合業績評価表の例は添付資料③を参照下さい）。

評価特性	評価要素	評価重みづけ
業績評価	目標達成度	4
	仕事の質・量	2
	業務の効率・改善	2
小計		8
情意評価	責任性	1
	積極性	1
	協調性	1
	執務態度	1
小計		4
知識技能	知識・技能（スキル）	1
小計		1
能力評価	決断力	1
	企画力	1
	コミュニケーション力	1
	顧客志向性	1
	折衝力・調整力	1
小計		5
指導力	リーダーシップ	1
	人材育成力	1
小計		2
合計		20

　ここで重みづけ点数の合計は20点となるように各項目の重みづけを調整します。その理由は、次に述べる評価段階を1～5（5が「非常に優れている」で最高評価）とすると、それぞれの項目で5を取得した場合に5点×20重みづけ＝100点となり、満点が100となると非常に分かりやすいからです。

コラム⑧　評価項目の重みづけの設定の仕方

　評価項目の重みづけは基本（標準）数値を１としますと、最高で３～４程度が適当かと思います。基本的には全ての評価項目は重要な項目ですから、最重要項目を標準項目の数倍程度に評価するのが妥当だと思います。技術的には、全ての項目で満点（ここでは５点）を取った者の総合評価点を100点に設定するのが、採点する上で、容易で且つ分かりやすいと思います。従って各項目の最高評価点を５としますと、項目数は最高で20項目となり、重みづけをする項目がある場合は、その重みづけの点数分の評価項目が削減されることになります。重みづけは会社が重視する評価項目を際立たせるためにも重要ですが、乱用は避けその使用は全体で１～５項目に留めるのが適正だと思います。

第3節　評価段階

　評価段階は多すぎても少なすぎても、公正な評価を阻害し、評価者を困難に陥れます。試行錯誤の上で、筆者は以下の１から５まで

の５段階評価を勧めます。

５：非常に優れている

４：優れている

３：期待水準を満たしている

２：やや劣り指導を要する

１：極めて劣り改善を要する

第4節　評価結果の採点の仕方

　各評価項目の採点は評価の重みづけ×評価点で算出され、合計得点は、全ての項目の採点の合計で決めます。合計点数は、昇級・昇格（降級・降格）並びに昇給（降給）の重要な判断項目として使用されます。それらの使用のためには、合計点数をそのまま使用するのではなく、同じく５段階にグループ化するのが実用的です。

　例として管理職用及び一般職用の２種類の換算表を示します。

●管理職評価点数に対応する評価段階

合計点数	平均評価点	評価段階
90-100	4.5以上	S（非常に優れている）
80-89	4.0以上	A（優れている）
70-79	3.5以上	B（期待水準を満たしている）
60-69	3.0以上	C（やや劣り指導を要する）
59以下	3.0未満	D（きわめて劣り改善を要する）

●一般職評価点数に対応する評価段階

合計点数	平均評価点	評価段階
90-100	4.5以上	S（非常に優れている）
75-89	3.75以上	A（優れている）
65-74	3.25以上	B（期待水準を満たしている）
55-64	2.75以上	C（やや劣り指導を要する）
54以下	2.75未満	D（きわめて劣り改善を要する）

　運用上管理職と一般職の評価段階を同じくすることも考えられますが、管理職により厳しい評価段階を与えるのは、管理職の自覚を促し、会社の期待を表すためには必要ではないかと思います。

　S〜Dの評価段階は、昇降級・昇降格のみならず、昇降給にも反映されます。この点については、報酬制度の章で詳しく述べます。

コラム⑨　**総合評価の評価方法**
　　　　──絶対評価か相対評価か

　原則的には絶対評価を行うべきだと思いますが、現実的

には高評価者が多すぎたり、又低評価者が多すぎたりして偏るのは、公正な評価制度を運用する上で好ましくありません。そこで、運用上はＳ（出現率10％）、Ａ（20％）、Ｂ（55％）、Ｃ（10％）及びＤ（５％）などのおおよそのガイドラインを設けておいて、概ねそれに沿って運用するのが良いと思います。

　ガイドラインはあくまで目安ですので、それぞれの比率を厳守する必要はありませんが、一定の時間を掛けて、決定した分布に収まるように評価基準を定めるのが良いと思います。

第5節　評価者コメント

　数値評価を完成した後、それぞれの評価者はコメントを記入します。ここには数値では評価しきれなかった被評価者の実績、貢献、今後の期待点、あるいは必要な改善点などを記入します。実際に、同じ評価数値の社員でも、実績や貢献度が明らかに違うと思われる場合がありますが、コメント欄ではこのような違いを定性的に記述しその差異を明確にすることが重要です。

総合評価の一環としての 360度評価

　360度評価はここで説明しました総合業績評価そのものではありませんが、総合業績評価を補足する位置付けの評価制度として活用することを推奨します。360度評価は、本人、上司、部下、そして本人の同僚の、本人及び本人を取り巻く、4つの種類の関係者による評価で、従来の自己評価及び上司評価に部下及び本人の同僚（同部門あるいは関連部門の同レベルの社員）を加えた評価です。部下及び同僚には匿名性が要求されるので、通常はそれぞれ、最低3人の参加者を確保します。上司から見えない部分を部下及び同僚が補完できますので、より公平で正確な個人評価が可能となることから、この制度を導入する企業は増加傾向にあります。しかしながら、企業の中には、部下が上司を評価するという考えに抵抗感を持つ社員が多い場合もありますので、そのような場合は、説得のために事前の説明等に十分時間を掛ける必要があります。評価項目は、業績評価、情意評価、知識技能、能力評価そして指導力等で、評価段階は、常に当てはまる、大方当てはまる、時に当てはまる、全く当てはまらない等の4段階程度が適正且つ実用的です。

第Ⅴ章

評価
（3）

組織
風土

配置

研修
育成

等級
制度

報酬

採用

評価制度
（3）目標管理制度

　目標管理制度とは、所定の期間（一般的には6カ月あるいは12カ月）の期首に各社員が複数の業務に係る達成目標を設定し、期末にそれら達成目標の達成度を評価する制度です。総合業績評価とは異なり、目標達成度すなわち成果を中心に評価するもので、評価は通常パーセント数値を使用します。

　各評価項目が設定水準を全て満たせば100%となり、水準を超える評価を得れば100%超、又、水準を下回れば100%未満となります。本制度は、直接的には賞与の支給基準に使用され、又間接的に年度末の総合業績評価にも使用されます。

第1節　目標管理制度の重要性

　目標管理制度の重要性は、全社の業務計画（方針や計画）が部門計画等に落とし込まれ、以下同様に末端の社員に至るまで、全社の方針・計画が何らかの形で、各社員の目標に組み入れられることです。年度ごとに作成される全社の業務計画の一部が、各社員の達成目標に含まれることにより、会社にとっては全社の業務計画が達成される可能性を高めることができ、又社員にとっては自分の目標が会社、あるいは自部門の目標と一致することが認識でき、その結果会社の業績向上及び社員のモラールの向上が期待できます。

第2節　目標管理評価の目的

　総合業績評価は昇級、昇格、昇給の基準となりますが、目標管理評価は第一に賞与支給基準となります。

　又目標管理評価の結果は次期以降の社員の育成につなげることができます。目標項目の重要な未達部分は翌期以降の目標項目として設定することができます。目標管理制度は、成果の測定と同時に、それと同じぐらい重要な人材育成に役立てるための制度です。

第3節　**目標の設定**

▷ **目標**

　目標の設定は以下の要領によります。全社の方針や計画が部門計画等に落とし込まれ、以下同様に末端の社員に至るまで、全社の方針・計画が何らかの形で、各社員の目標に組み入れられていることが重要です。こうすることにより、社員は自分の目標が会社あるいは自部門の目標と一致することが認識でき、その結果会社により多く貢献することができ、会社との一体感をより強く持つことが期待されます。

① **部門長・部長の目標設定**

　　全社方針・計画を部門方針・計画に落とし込みます。その計画等に沿って部門長・部長が目標を設定します。

② **部長・課長の目標設定**

　　部門方針・計画を部課の方針・計画に落とし込みます。その計画及び上司の目標等に沿って部長・課長が目標を設定します。

③ **課長未満の社員の目標設定**

　　課長未満の社員は上司である部長ないし課長の目標の一部をより詳細に、現場レベルの目標に変換して目標を設定します。

④ **目標の難易度**

　　目標には容易にできる項目は含めません。逆に到底実施不可能

な内容も含めません。

⑤ **共通目標の設定**

特定の職種や部門で共通な目標を設定することは可能です。

例えば営業部門員には共通に、売上金額（数量）、粗利利益金額（利益率）などを設定し、残りの項目を個人固有の目標とすることができます。

⑥ **目標の合意**

目標項目は上司から提案しても部下から提案しても良いですが、両者で合意する必要があります。社員が所属する部門や課の計画は上司の方が良く知っている場合が多いので、主要目標項目の設定には上司が積極的に関与する必要があります。

▷ **目標項目例**

企業で使用される目標項目例を以下に表示します。

① **営業・販売系**

売上高、売上数量、粗利益、粗利益率、対前年度売上増加率、販売戦略、価格戦略、市場シェアー、販売費予算管理、苦情・クレーム件数削減率、1件当たり訪問時間の短縮等

② **生産系**

生産数量、不良品率の低下、標準生産時間の短縮、原価低減、原料歩留まり率の向上、工程管理の改善、新機械装置のスムースな導入、具体的なQC（品質管理）活動テーマの実施等

③ **購買系**

購買価格の低減、在庫額（量）の削減、在庫回転率の向上、新規受発注システムの導入と安定的な稼働、より効率的且つ低価格の代替製品（材料）の開拓、受け入れ制度の改善等

④ **研究開発・製品開発系**

新製品開発数、試作品製作数、試験販売数、特定商品の市場調査、内製か外注かの分析調査、新製品開発日数の短縮、各種情報収集等

⑤ **経理・財務系**

月次及び年次決算日数の短縮、予実決算分析日数の短縮、各種利益率の改善、流動比率関連指標の改善、売上債権回収日数の短縮、支払い金利の削減、借入金額の削減等

⑥ **人事・総務系**

増加採用人数の対応、一人当たり採用費の低減、多様な採用形態の創設及び実践、新退職金制度の創設、福利厚生項目の見直しを行い、コスト・パフォーマンス（費用対効果）の低い項目を廃止し高い項目との入れ替えの実施、階層別／職能別教育の充実、自己啓発援助制度の設置等

⑦ **ＩＴ系**

部門別データベースの創設、部門別ソフトの開発、システム維持費の削減、システムダウン回数の削減、ユーザーからのクレーム数の削減等

▷ 目標設定に付随する不可欠な要素

　個々の目標項目には、項目（何を）、達成基準（どの程度）、達成
手段・方法（どのように）及び達成時期（いつまでに）等をできる限
り具体的に明記する必要があります。

▷ 目標数

　目標数は業績に係る項目で２〜４程度、プロセス項目で１〜３程
度、合計では４〜６程度が適正だと思います。多すぎると必然的に
各項目の重みづけが小さくなり、成果が項目間で埋没してしまうこ
とになりますし、逆に少なすぎると少数の項目にその期の成果を掛
けることになり、未達成リスクが高まります。

第4節　目標管理評価表の主要項目

　目標管理評価表は各々の会社で様々な形式で使用されています
が、添付資料④に一例を示し、その主要項目に沿って説明します。

▷ 大項目分類及び目標項目例

① 業績・成果・改善・革新等に関わる目標

　　主たる業務の成果に直接結びつくような項目で、営業職なら売

上額、利益率など、製造職なら歩留まり率や不良品率等、管理部門職なら月次決算期間の短縮、新しい勤怠システムの導入・移行、新人事データシステムの導入等です。

② **プロセス成果・自己啓発等に関わる目標**

主たる業務の成果達成に間接的に貢献するような項目で、営業職なら新規販売ルートの開拓等、製造職なら新規導入機械の安定的操業化等、管理部門職なら諸申請書類の統合・削減等です。自己啓発項目は各職種で共通な項目も多いと思います。

▷ 重みづけ

目標項目には重みづけが必要です。各項目の重みづけは5～30％を目途とし、5％未満は目標項目として小さすぎるので避けます。逆に1項目で30％超は社員が特定の期間、特定の大プロジェクト等に専念する場合以外には適当ではありません。重みづけには上司が助言することが必要です。何故なら、上司は自分が責任を持つ部や課の業務計画を達成するために、どの項目に優先順位を付けるかを知っているからです。一般的に社員は重みづけの高い項目を達成しようとしますので、この点で会社の希望と社員の希望が一致します。

▷ 難易度

目標項目には自ずと難易度に差異が出てきます。もともと容易に達成できる項目は含みませんので、通常の項目は1.0、難易度が高

くなるにつれて1.1、1.2 などとします。1.0未満はありませんが、難易度が非常に高い項目も通常は設定しませんので、1.1〜1.3ぐらいが標準かと思います。難易度は全ての会社が設定する必要はありませんので、目標管理評価表例では省きました。

▷ 最終達成度評価

各項目ごとに重みづけ（％）×２次評価達成度（％）で評価パーセントを求め、各項目ごとの評価パーセントの合計が最終達成度評価（％）となります。最終達成度評価は理論的には０％から100％超まであり得ます。

第5節　評価を通じての人材育成

評価結果を必ず人材育成につなげるために、目標管理評価項目の設定とは別に人材育成を目的とした育成プランを作成します。

① 　育成プランは部下と共に作成します。

② 　プランは理想的には、短期（１年）と中期（３年ぐらい）プランを作成するのが望ましいです。

③ 　プランの作成には、できるだけ部下の希望を取り入れますが、部下の言いなりになってはいけません。

④ 　１年に最低１回の中間レビューを実施し、項目が妥当か、評価

の尺度や達成期間が妥当か等、当初設定したものと変わっていないかをチェックします（変わっている場合は適宜修正します）。

⑤ 配置転換、ＯＪＴ、ＯｆｆＪＴ（業務外のトレーニング、研修等）、自己啓発等、最適な項目を選択し、被評価者に対して可能な限り、経済的（費用会社負担等）・時間的な配慮を行います。

コラム⑩　評価と人材育成の結びつけ方

　評価の目的は過去（半年・１年等）の業績評価と将来（半年・１年等先）の業績の向上を実現させるための指導です。各々50％の重みを持たせることが理想です。過去の評価は、昇降級・昇降格・昇降給を行うために必須の活動です。このことは大方理解されていますが、未来志向の業績評価が人材育成のために同じく必要な活動であるということは周知されていません。業績評価を行えば、普通満点の人はそう多くはありませんので、良い点を積極的にたたえると同時に、改善点を指摘できる場合も多いと思います。その改善点をただ指摘するだけではなく、改善点をどのように克服するか具体的な計画に落とし込み、改善までの期限を定めるのです。そして、理想的には毎月、少なくても３カ月に１回、上司が当該社員と面接（フィードバック面接）

して進捗状況を確認し、次のステップに進むことを繰り返すことにより、改善点の克服が実現でき、当該社員の知識・スキル、生産性、ひいては本人の成長を通じて業績評価結果の向上が期待できます。

第6節　総合業績評価制度とのリンク

　目標管理制度で行った評価の結果は、単独では賞与支給の基準として使用しますが、同時にそれを総合業績評価の業績評価欄に転記することによって、総合業績評価制度とのリンクができます。これにより、業績（成果）評価を総合業績評価時に単独で行う必要がなくなり、評価実施の簡素化を達成できます。以下に具体的にその方法を説明します。

　業績評価は１～５の５段階評価で得点は通常最低20（１×20）点から最高100（５×20)点ですが、目標管理はパーセント評価で、評価は０％以上で100％を超えることも可能です。従って目標管理のパーセントで評価された数値を５段階評価に換算する必要があります。その換算例を管理職用及び一般職用に分けて示します。役割の大きさや責任の重さを考慮に入れて両者に差を設けています。

●目標管理パーセント評価結果の総合業績評価１〜５段階への換算基準例

総合業績評価に 使用される ５段階評価	目標管理パーセント 評価結果 （管理職）	目標管理パーセント 評価結果 （一般職）
5	110％以上	105％以上
4	100％以上	95％以上
3	90％以上	85％以上
2	80％以上	75％以上
1	79％以下	74％以下

コラム⑪　目標管理制度実施のプロセス

　この制度の運用プロセスは以下のようになります。

１. 期首に被評価者と評価者が面接し、当該年度の目標項目を検討し決定する。項目数の目安は全体で３〜５項目程度、難易度は楽に達成できるレベルでなく、努力をしないと達成できないレベルに設定しますが、かと言って達成不可能なレベルには決して設定しません。項目は評価者、被評価者双方が提案できますが、決して一方的に設定するのではなく双方合意の下で決定します。

２. 期中に１〜２回両者で面接を行い、各項目の進捗状況をチェックします。特に進捗状況が思わしくない項目については、双方でその原因を突き止め、改善のため

の方策を話し合い、解決策を作成します。被評価者は改善策の実施に努め、評価者はそれらの項目の達成のために必要な支援を行います。

3. 期末に、各項目の達成度合いを評価します。まず被評価者が自己評価を行い、次に評価者が1次評価を行い、最後に評価者の上司が2次評価を行って、2次評価者の評価を最終評価とし、その結果に基づいて期末面接を行います。最終評価が自己評価より低い場合は、評価者は十分に説明の上、被評価者の合意を得られなくても、納得を得るように努力しなくてはなりません。

　評価結果の通知と同様に重要なのが、評価結果、特に未達項目を中心に、被評価者が今後どのように取り組んだら良いのかについての評価者からの助言です。

第VI章

配置（昇降級・昇降格及びその他の異動）制度

　企業は経営戦略・目標を達成するために種々の資源を活用します。活用できる資源の最も重要な要素が人材で、それを活用するための制度が配置制度です。企業は定期あるいは不定期の配置活動によって、より効果的・効率的に経営戦略を実施すると共に、組織の硬直化やマンネリ化を抑制して活性化し、セクショナリズムを打破し、組織内の風通し（コミュニケーション）の改善を行い、又人材育成につなげます。配置制度はいくつかのサブ制度に分類されます。その主なものは、昇降級制度、昇降格制度、ジョブ・ローテーション制度及び社内公募制度等です。

　ここでは、昇級とは下級から上級への異動を意味し、降級は上級から下級への異動を意味します。昇格は職位の上方向への異動（例えば課長から部長へ）を意味し、降格は職位の下方向への異動（例えば部長から課長へ）を意味します。

　なお本書では等級制度に関する叙述がある場合は6等級制度（6等級が最上級）を前提とし、総合業績評価に関する叙述がある場合は、評価結果を上から、S、A、B、C、Dの5段階で行うこととします。

▷ 昇級

　昇級は原則的に総合業績評価の結果を基に行います。総合業績評価については既に第Ⅳ章で説明しましたが、ここではその評価の結果と昇降級がどのように連動するかについて説明します。

① 総合業績評価点数のＡＢＣＤＥへの換算

　既に第Ⅳ章第４節で表示しましたが、ここで説明の反復を避けるため、再度換算表を掲載します。評価点数は100点を満点の最高得点と設定し、評価レベルを５段階（Ｓ、Ａ、Ｂ、Ｃ、Ｄ）に設定します。但し管理職の合計点数あるいは平均評価点に対応する評価段階は一般職のそれよりも若干厳しくしてあります。管理職の役割の大きさ及び責任の重さを勘案した結果です。

●管理職評価点数に対応する評価段階

合計点数	平均評価点	評価段階
90-100	4.5以上	S（非常に優れている）
80-89	4.0以上	A（優れている）
70-79	3.5以上	B（期待水準を満たしている）
60-69	3.0以上	C（やや劣り指導を要する）
59以下	3.0未満	D（きわめて劣り改善を要する）

●一般職評価点数に対応する評価段階

合計点数	平均評価点	評価段階
90-100	4.5以上	S（非常に優れている）
75-89	3.75以上	A（優れている）
65-74	3.25以上	B（期待水準を満たしている）
55-64	2.75以上	C（やや劣り指導を要する）
54以下	2.75未満	D（きわめて劣り改善を要する）

② 評価段階と昇級の連関

　上級への昇級ほど条件を厳しくし、下級への昇級は一部年功的要素を加味しても良いでしょう。例えば、５級から６級（最上級）への昇級は直近５年間に毎年Ａ以上で且つ３回以上Ｓがあること、又２級から３級への昇級は直近４年間で毎年Ｂ以上で且つ１回はＡ以上があることなどです。

　以下に昇級表の一例を表示します。

昇級後等級	昇級前級における最短滞留年数	総合業績評価結果	所属長の推薦	役員会の承認	昇級試験（小論文等）合格	研修受講（昇級前後）
6	5	過去5年間 A以上で 3回以上S	○	○	○	○
5	5	過去4年間 A以上で 3回以上S	○	○	○	○
4	4	過去4年間 A以上で 2回以上S	○	○	○	○
3	4	過去4年間 B以上で 2回以上 A又はS	○	○		
2	4	過去4年間 B以上で 1回以上 A又はS	○			

③　その他の昇級条件

　昇級条件は業績評価結果のみならず、上司の推薦、社内試験、昇格前あるいは後研修の受講、役員会の承認等を必要とし、バランスの取れた人材の登用が望まれます。昇級条件の中のどの項目を重視するかは会社の方針によりますが、業績評価結果を重視する会社が多く見られます。

④　中途採用者の初年度評価の扱い

　中途採用者の入社後のパフォーマンスが入社前の想定を著しく上回ったりあるいは下回ったりすることがあります。そのような場合

には、より適正な級に可及的速やかに異動させる必要があり、このような状況を想定した制度を設定することが必要です。そこで、中途採用者は入社後最初の評価時に限り、規程にある最短滞留年数を経なくても、より適正な等級へ異動させることができるような制度を設定します。

▷ 降級

降級は総合業績評価結果や上司の提案等を勘案し、役員会の承認等を必要とする場合もあります。業績面では、期待値未満のC評価及び、最低のD評価を取った者が対象になります。

① 降級基準

Dを取得した社員あるいはCを2年連続で取得した社員は、1等級の降級とします。上級等級者にはより厳しい降級条件を設定することもできます。

② 改善計画の作成とフォローアップ

会社としてはCやD評価を取得した社員を放置するわけにはいきません。適正な指導と本人の努力等により早急に期待水準の成果を出せる社員に改善する必要があります。この目的を達成するために、C及びD評価の取得者には未達項目の改善計画を上司と共に作成させる必要があります。

この計画は、具体的且つ実行可能な項目とし、上司には3カ月ごとの面接を課して、改善の進捗を確保します。

第2節 # 昇降格

▷ 昇格

　等級と職位（部長、課長等）が1対1の対応をしている場合は、昇級は昇格ともなります。1つの級に複数の職位が存在する場合は、昇級が必ずしも昇格を意味しません。その場合は、昇級前後の職位は変わらないことになります。特定の等級の中で、下位の職位の社員は実力を高めつつ同時に上位の職位の空席待ちとなります。

▷ 降格

　降級した場合は、通常職位が一段階降格します。降級した級に複数の職位が存在する場合は、上司及び関係者が協議の上、上位あるいは下位のより適正な職位につけます。

コラム⑫　昇降級・昇降格運用のあり方

　このような制度を設定するのは、個々の昇降級や昇降格のケースで、公正さを欠くようなことがないように、社員から依怙贔屓があるといわれないために、必要です。その意味で、主に数値化された評価結果をベースに実施するの

は正しいのですが、人間を評価するのに数値化されたもの
だけを頼るのは、完全とはいえません。人間性や将来性な
どはなかなか数値化できませんので、それらの評価項目や
その他会社が重要視する価値観なども評価項目に加味して
昇降級・昇降格の運用を行うことを勧めます。

第3節　水平異動

　異動には、昇降級や昇降格を伴わない、他部門、他部署あるいは
異なる職種への異動もあります。これらの異動を水平異動と総称し
ます。水平異動の要因は会社のニーズによる適材適所の配置や、社
員の育成等種々の理由によります。水平異動は、社員にとっても新
しい職務の習得や、新しい職場での経験を得ることができる将来の
地位の向上に役立つ異動です。

第4節　ジョブ・ローテーション

　比較的若い社員や入社歴の浅い社員に幅広い職務経験をさせるた

めの教育の一環として行います。日本では従来ジェネラリスト志向の採用を行ってきたために、経営幹部を育てる意識が強く、そのため若い時代に複数の部門や職種を経験させ、全社的視点から自社のサービスや商品の理解を深めさせる必要があると考えられてきました。

　現在の専門職志向とはやや逆行する制度ですが、入社後５年間ぐらいは、この制度を適用して、複数の職種を経験させるのは、将来特定の専門職になるにしても、全社的視点を持つ社員の育成には有効です。一職種・部門での期間は、職種の内容により一概には言えませんが、数カ月から２年ぐらいが適当であると考えます。それ以上の期間はローテーションではなく配属になります。同様に高職位での異動はローテーションとは呼ばず、即戦力を期待される異動です。

第5節　社内公募制度

　社内公募制度は、会社が必要としているポストや職種等の要件をあらかじめ社員に公開し、応募者の中から最適な人材を登用する仕組みです。既に多くの会社で普及している制度で、会社が人事権を留保しつつ、本制度を導入することで、社員が職場や仕事の内容を選択できる環境が生まれ、社員のモチベーションを高揚させる効果

があります。社員が自分の業績、能力を自ら売り込むＦＡ（Free Agent：フリー・エージェント）制度という仕組みもありますが、現在その普及率はあまり高くありません。できるだけ多くの採用ポジションに公募制度を適用することで、ＦＡ制度を採用しなくても済むと思います。

① **公募主体**

　通常は会社内での公募ですが、グループ会社全体での運用もありえます。この場合は、自社以外の親子会社、兄弟会社への応募となり、採用されれば出向（一定期間の派遣）や転籍（現職を退職して新会社の社員となる）を伴うこともあります。後者の場合は、全ての労働条件が変わる可能性がありますので、その旨を該当者に説明し、本人の合意を事前に得る等の注意が必要です。

② **公募条件**

　公募通知には以下の条件を表示します。

・ポジション又は職種

・等級及び職位

・仕事の内容

・勤務地、場合によっては所属会社名

・直属上司のポジション及び氏名

・年間給与額（賞与を含む）

・必要な職務経験年数

・必要な資格や知識及びスキル等

③ **応募資格**

　応募時の職場に一定年数（例えば２年）以上勤務していること、及び一定期間に応募できる回数を制限する例もあります。必須の保有資格等が明記されている場合は、その条件を満たしていることを確認の上応募します。

④　応募者の現職上司等への報告の有無

　応募することを現職の上司に事前に報告を義務付けるかどうかですが、申告を要しない例が増えています。事前報告制を採用する場合は、応募のハードルが高くなり、又応募に失敗して現職に留まる場合に、現職の上司と気まずい関係になることも考えられますので、そのような状況を避ける配慮が求められます。

⑤　現職上司の立場

　現職の上司は部下の異動が決まったら、その異動に異を唱えることはできないというルールが必要です。このルールがないと、上司はその異動を妨げることができ、この制度そのものが存続しません。本制度は上司の都合より本人の希望を尊重する制度だと言えます。

⑥　現職部門の欠員補充のルール

　社員が公募に合格し現職部門を離れることが決まり、更にその補充が必要な場合は、その補充費用（採用費用）は公募者受け入れ部門が負担するのが原則です。その理由は、公募には費用がほとんど掛かりませんが、公募者を送り出す部門は新たに公募できなければ外部から採用しなくてはならず、採用費用が発生しますので、その費用を受け入れ部門が負担するのが合理的です。公募制度を推進している会社では、当該費用の50％を受け入れ部門、残りの50％を

人事部負担とするケースもあります。

⑦　**異動時期**

　異動時期は送り出す部門と受け入れる部門が協議して決めますが、通常１～２カ月です。外部から採用する期間等を勘案して、それより短く設定するのが一般的で、この期間の延長は本制度の円滑な運用上回避すべきです。

第6節　プロジェクト・チームへの参加

　企業は全社的あるいは複数の部門が関係するプロジェクトを実施することがあります。その際、プロジェクト・メンバーを選出する必要があります。プロジェクト・チームの組成は、会社の視点からの利点としては、プロジェクトの目的達成に社内から最適な専門知識や経験を保有した人材を選抜できること、よって最高の結果を期待できることが挙げられます。又社員の視点からは、他部門の専門家と共に働けることから、満足度の高い仕事に従事できること、又社内の人的ネットワークが構築でき、その後の仕事にも寄与する等の利点があります。人的観点から見たプロジェクト・チームは下述の要件を満たすのが望ましいです。

①　メンバーは組織横断的に選出します。

②　リーダーはプロジェクトの重要性や規模に応じて課長クラス、

部長クラス又は役員クラスになります。

③　その他のメンバーの地位はリーダー以下となります。

④　人数は、中身の濃い議論がされることや迅速な決定ができること等を優先して、例外を除いて５～７名程度とします。

⑤　メンバーは原則兼務とします。従ってプロジェクト存続中はメンバーに時間的・精神的負担が掛かります。

⑥　期間は３カ月以内を原則とします。それ以上長く掛かる場合は全体の期間を第１フェーズ、第２フェーズ等に区切ります。

⑦　プロジェクト・チームでの働きは適正に評価されなければなりません。通常メンバーの業績評価は本来の職務の上司が主で、プロジェクト・リーダーの意見を加味して行います。本来の職務とプロジェクトでの業務の評価配分ですが、その基礎にはプロジェクトの期間を取るのが妥当と考えられます。例えば、プロジェクトの期間が３カ月であれば３／12すなわち25％をプロジェクト評価、残りを本来の職務評価とします。この例は一定期間プロジェクトに専任することを想定していますが、本来の業務を続けながらプロジェクトに参加し、その時間が往々にして時間外勤務になるなどのケースもあると思います。そのような場合は、プロジェクトへの貢献を何らかの方法で、通常評価に加点する方法も考えられます。

第7節　定期異動と非定期異動

▷ 定期異動

　毎年企業の会計年度に合わせて、３～４月及び９～10月に行われることが多いです。企業が該当するポジションに社員の能力、在籍年数、等級や職位、人事評価結果等を考慮して行います。近年は、社員の個人及び家族の状況も加味して最終決定を行っています。企業の観点からは、異動時期があらかじめ決まっているので、十分な準備ができ適材適所の実現の可能性が高くなります。社員の観点からも、異動時期があらかじめ分かっていること、及びそれぞれの企業には同一ポジションでのおおよその在職年数が決まっていること等で、異動の準備がしやすい利点があります。

▷ 非定期異動

　予測できない社内外の状況の変化により新ポジションの設置が必要になることがあります。又予測できない欠員の発生により玉突き的に、その空いたポジションを補充する必要が生じることもあります。このように非定期の異動は会社のニーズが発生した場合に実施されることが多いので、会社にとっても社員にとっても準備期間は比較的短いのが特徴です。社員にとっては予期せぬポジションへの異動の機会が生まれる等、キャリアジャンプのチャンスともなりま

すので、日頃から自身のキャリアについて考えていることが大切です。

第8節　異動後の人事評価

　職種に変更がある異動や、異動先の職場環境が大幅に変わる等の場合は、異動後すぐに実力を発揮できなかったりすることが考えられますので、人事評価はこのような変化を考慮して行う必要があります。

　同じ職種間の異動に比較して、異なる職種間の異動の場合は、より長い移行期間を見ることが望ましいです。又等級や職位の高い社員は短く、それらの低い社員はより長く見てあげることが必要です。いずれにしても、移行期間は短くて3カ月程度、長くても6カ月程度、本人の不利にならない標準評価とするべきです。

第VII章

評価

組織風土

配置

等級制度

研修育成

報酬

採用

報酬制度

　誰もが働きに応じた報酬の支払いを得たいと思っています。しかしながら多くの企業で未だ貢献度や責任に応じた報酬の支払いが実施されていません。本章では報酬とはどういうものか、又どのようにすれば公正な報酬の支払いができるかを述べます。公正な報酬を支給するには公正な業績評価が行われ、その結果に基づいた昇給制度や賞与制度が存在することが前提です。その点についても説明します。

　報酬は大きく分類すると次の項目からなります。
1　基本給
2　賞与（ボーナス）
3　諸手当
4　退職金
5　その他インセンティブ

　以下で各項目について説明します。

第1節　基本給

▷ 基本給の位置付け

　基本給は名実共に報酬の中心となるべきものです。役割等級制度においては、基本給の額こそが、社員の社内での位置付けを示すバロメーターになります。今日基本給の一部に年齢給や勤続給を支給している会社がありますが、それらの給与は属人給で、社員の成果・貢献度、役割の大きさ、責任の大きさ等を必ずしも反映するものではありません。一番単純で明快なのは、基本給を狭義の基本給のみに限定することです。しかしながら伝統的に年功給である年齢給や勤続給を支給してきた企業は、簡単にそれらを廃止できないケースもあります。その場合は、それらの年功給のどちらか1つを存続させるのが良いでしょう。どちらか1つの選択であるならば、勤続給の選択が妥当だと考えます。何故ならば、年齢自体は会社にとって何らの貢献を表しませんが、勤続年数は会社に対する貢献度を一端なりとも示すからです。

　役割等級制度では定期昇給の考え方はありません。毎年の業績評価の結果を反映した基本給の見直しはありますが、業績評価結果により、昇給する人、据え置きの人、又降給する人が出ます。

▷ 基本給レンジ（範囲）

　基本給は等級ごとに、最高値と最低値を設け、特定の等級に該当する社員の基本給は、原則として、その間（レンジあるいは範囲という）のどこかに位置します。通常１級が最低レンジ、最高等級が最高レンジとなります。基本給はレンジ表により明示されます。

　何故等級レンジが存在するかといえば、同一労働同一賃金は理想であるかもしれませんが、実際は中小企業では同一労働（職務・職位）そのものの存在が全てのポジションに複数あるとは限らず、又同一労働に従事する社員の質（能力、知識、スキル等）が常に同一とは限らないからです。

▷ 基本給レンジ表の一般的作成方法

　レンジ表は以下の手順により作成します。

① 会社の現在あるいは想定される将来における最低基本給（A）を設定します。

② 会社の現在あるいは想定される将来における最高基本給（B）を設定します。

③ 上記B－A＝C、のCの額を、設定する等級数－１（例えば６等級の場合は５）で除し、各等級の平均レンジを出します。

④ 実務的には各等級のレンジを均等に設定するということはなく、一般的には上級等級に行くほど、レンジ幅は長くなります。

理由は、上級等級に行くほどそれらの等級における滞留年数が長くなるからです。

⑤ 各等級間ではレンジが重複するように設定します。これにより、等級下位の社員が会社に有用な特別な知識、スキル等を有する場合、等級上位の社員より高い基本給を支給されることがあります。但し上級一般職と管理職の等級のレンジは重複しません。何故なら、一般職から管理職に昇格する場合は通常残業手当が支給されなくなるので、その全部あるいは一部の補填を考慮するためです。但し、役職手当が管理職になるとそれ以前よりも多額に支給される場合は、基本給と役職手当の合計額を考慮して管理職の基本給アップ幅を決定する必要があります。

コラム⑬　基本給レンジ（範囲）の具体的な作成方法
（基本給レンジ表例は添付資料⑤を参照下さい）

　基本給のレンジ数は、原則役割等級数と一致します。

　1等級当たりの平均レンジは既存最高給と最低給の幅をレンジ数マイナス1で除して出します。例えば、6等級で最高49万円、最低15万円の場合は、(49-15)／6-1）＝6.8万円で1等級あたり7万円弱ということになります。これをベースに、低い等級のレンジはより小さく、高くなるにつれてレンジ幅を大きくします。その理由は、低い等級に比べて、高い等級での滞留年数が長くなるのが一般的

だからです。添付資料⑤の例では、1級6万円、2級6万円、3級7万円、4級8万円、5級8万円、最後に6級は10万円としました。又、級と級との位置関係は概ね1つの級の上限と下限の間の中央値から1つ上位の級の下限値が始まるようにします。これは同じ級の社員でも役割等の大きさ、知識・スキル・経験の多さ等に差異があろうという認識に基づいて、その差異を公正に評価し、基本給に反映させたいからです。但し3級と4級の間のみはレンジの重なりはありません（3級上限28万円、4級の下限31万円）。この理由は、3級一般職の社員が昇級して4級管理職になると、一般的には超過勤務（残業）手当が支払われなくなり、一定の昇給をしないと、昇級しても減給になる可能性があるからです。残業手当の大きさは会社により、又同じ会社でも社員により異なりますが、この例のように3万円ぐらいは妥当な額ではないかと思います。4級（一般的には課長職）の役職手当が大幅に増額になる場合は、4級の基本給下限レンジを大幅に引き上げる必要はないかもしれません。あくまでも増額の総額を勘案してその額を決定する必要があります。

コラム⑭ 基本給レンジの細分化

　等級内の基本給のレンジ幅が６～10万円では広すぎて、運用上支障があるという場合は、各々のレンジ内に数個の細区分を作ることができます。その場合は２区分か３区分が良いでしょう。その決定は第一に会社の年度の平均昇給額の大きさに左右され、その昇給額が大きければ２区分で、少なければ３区分にします。更に、同等級内に異なる職位が存在する場合は、それらの職位のレベルに応じた等級内の区分を行い、それぞれの等級内にＡ、Ｂ又はＡ、Ｂ、Ｃといった区分を設けます。添付資料⑤の６級の基本給レンジを例にとりますと、６級は39万円から49万円ですので、本部長と部長が存在する場合は２区分として、６－Ａは45万円から49万円、６－Ｂは39万円から45万円未満に設定します。３級の場合は例では基本給レンジが21万円から28万円で、且つ該当職位は係長と主任ですので、２区分として、３－Ａは係長職で24万円から28万円、３－Ｂは主任職で21万円から24万円未満のように決めます。

第Ⅶ章

報酬制度

▷ 個人の業績評価結果と昇給率との関係

　業績評価結果と昇給率を連関させることが、働きや貢献度に応じた賃金・給与の支払いを実現する上で、最も重要な施策の一つになります。特定年度の昇給率は、当該会社の業績、業界や社会情勢などを勘案して決定されます。その結果その年の昇給原資が社員平均で例えば2%としますと、一例として、管理職及び一般職の昇給率は次に示すようになります。管理職の基本給は一般職よりも高い実態を反映して、管理職の昇給率は一般職のそれより若干低めに設定してあります。

●管理職業績評価結果と昇給率の連関例

評価段階	昇給率
S	3%
A	2%
B	1%
C	0%
D	－1%

●一般職業績評価結果と昇給率の連関例

評価段階	昇給率
S	4%
A	3%
B	2%
C	0%
D	0%

評価段階と昇給率とは各々の会社の状況に合わせて設定できるものですが、管理職により厳しく設定するのが一般的です。特にＣ評価は昇給率０％、Ｄ評価には減給を適用するぐらいの設定が好ましいです。

コラム⑮　会社業績結果と昇給率の関係

　先に述べましたように、個人の業績評価結果はその個人の昇給率に反映させなくてはなりません。同時に会社業績も全社昇給率に反映させると、社員のモチベーションの向上に大いに寄与します。

　具体的には、当該年度の昇給率を直近年度の利益額や売上高にリンクさせることです。例えば、比較対象の利益額は過去3年の平均値を使い、当該年度分がそれよりプラスかマイナスか、又どの程度プラスかマイナスかにより一定比率を掛けて求めます。この場合に使用する比率は誰にでも分かりやすい、又納得がゆく、比較的単純な数値が望ましいです。

▷ 昇給額を予算内に収めるための調整方法

　本書では絶対評価を推奨していますので、評価結果の実際出現率が、想定出現率通りになるとは限りません。各評価段階は強制分布内に収めるわけではないので、想定出現率を上回ったり下回ったりします。そこで、あらかじめ設定された評価段階別昇給率、出現率、昇給予算（原資）の下で、高評価者の出現率が想定よりも高かった場合を例に取ると下掲の表のようになります。

一般職業績評価結果と調整後昇給率の連関例

（パーセント）

評価段階	S	A	B	C	D	合計
（1）設定昇給率	4	3	2	0	0	
（2）想定出現率	10	15	60	10	5	100
（3）実現出現率	15	20	55	10	0	100
（4）（1）×（2）	40	45	120	0	0	205
（5）（1）×（3）	60	60	110	0	0	230
（6）実際昇給率 各々の設定昇給率 （1）×（4）合計 ÷（5）合計	3.56 (＝4 ×0.89)	2.67 (＝3 ×0.89)	1.78 (＝2 ×0.89)	0	0	89※

※（6）の合計は205／230

　上記表が示していますのは、想定よりも高評価者が多かったために、予定では4％の昇給を受ける社員が、3.56％（4％×0.89）、3％の昇給を受ける社員は、2.67％（3％×0.89）、そして2％の昇給を受ける社員は1.78％（2％×0.89）と減額を受けることを示しています。

▷ 年功給の位置付け

　年功給は日本独特の給与項目と考えられています。グローバル化の下、企業が海外進出を行い、又、海外から社員を募集する必要が高まる中で、年功給を存続させる意義は、年々縮小していくものと考えられます。しかしながら、会社の風土や歴史を考慮してどうしても年功給を存続させたい場合は、基本給との併用を勧めます。

▷ 基本給と年功給の割合

　前述のように、年功給を設ける、あるいは存続させる場合は勤続年数を基準にすべきですが、その場合、基本給と勤続給との割合が問題となります。両者の比率は基本給を明確に中心給と位置付けるために、基本給：勤続給＝８：２程度、年功給を最大考慮しても７：３ぐらいに設定するのが適正だと思います。

第2節　　**賞与**

▷ 賞与の位置付け

　賞与は日本においては長く今日まで、給与の後払い的性格を有しており、生活給の一部として存在しました。そのため、企業業績が

好調な時でも、平年並みか若干上乗せがある程度で、好業績に見合う大幅な増額支給はありませんでした。反対に不況時でも会社は努力して、平年時にできるだけ近づける額を支給しました。このように会社側社員側双方が景気・業績に左右されない安定した支給を求めていました。しかしながら、近年では、賞与は社員各人の業績及び会社業績を反映して支給するという考えが次第に強くなっています。この動きは、会社からは、不況時の体質強化のために、賃金の一部をできるだけ変動費化したい、又社員からは賞与は業績への貢献度に応じて支給されるべきだ、という考えが強まってきたからです。この点で両者の利害が一致したといえます。

▷ 賞与支給額の算定に使用される業績評価

賞与支給額の算定には、既に説明しました通り、直近の目標管理制度に基づいた評価結果、すなわち目標達成度を使用します。総合評価と違い、事前に設定した目標に対して、どれだけ会社に貢献したかのみを算定基礎にします。

▷ 算定方式

現在多くの会社において賞与支給は、未だ基本給をベースにしてほぼ固定的に算出している場合が多いと思います。この方式では賞与を会社業績、社員の業績に連動させるという考え方と合致しません。そこで今後は基本給の何倍という現行ベースを維持しながら更に、社員の業績評価結果、及び会社の業績に連動させる方式を考え

るべきです。その一例を示します。

賞与金額＝本人の基本給×本人の業績係数×会社の業績係数

① 本人の業績係数＝総合業績評価あるいは目標管理評価の結果
（通常0.8〜1.3の間ですが、その幅を広げることは可能です）。

② 会社の業績係数＝過去３年間の平均業績指数を１として、本年
の指数を算出します。不況であれば１未満、好況であれば１超
となります。この方式を採用することで、賞与をある程度変動
費化することができます。

コラム⑯ 会社業績係数導入の
バリエーションとそのメリット

・支給基本係数（例えば４カ月）の半分を既存の方法で固
定的に支給し、残りの半分を上記方式で支給する。

・会社の業績係数を単一ではなく、例えば全社係数を50
％、該当部門の業績係数を残り50％とすることもでき
ます。

いずれの方式にしても、会社の業績を賞与支給額に反映
させるのは、社員の会社業績への関心度を増加させ、結果
として業績向上へつながる可能性を引き出し、又賞与の一
部とはいえ、固定費から変動費への転換を図るのは、より

機動的な報酬体系への移行を助けます。

第3節　**諸手当**

▷ **手当の位置付け**

　手当は、基本給及び賞与という2つの主要支給項目を補充するもので、役職手当を除き、一般的には属人的な項目が多いです。従って、役割等級制度においては従たる性格の支給項目です。手当としてどのような項目を支給するかは各々の会社の考え方で決まります。しかしながら勤務するのに必要なもの、及び社会通念上今後も支給が必要と考えられる項目に限定することが望ましいと思います。

▷ **手当の種類**

　手当には普遍的な項目、特定企業や業態に付随する項目等種々ありますが、代表的な手当を以下に述べます。

① 　年齢手当・勤続手当：手当としての支給もあれば、基本給の一
　　部としての支給方法もあります。年齢及び勤続年数自体は、会
　　社への貢献度あるいは責任や管理する資源の大きさに直接関係

がないので、今後も重視すべき項目とは思えません。それでも会社として存続させるのであれば、基本給と合わせて支給し、手当としては廃止するのが良いと思います。

② 役職手当：役職手当は役職（職位）の大きさ重さに応じて支給される手当なので、今後も必要な手当だと思います。部長、次長、課長、係長、主任等にそれぞれ定額を設定するのが一般的です。役職数は会社により上記役職より多い会社も少ない会社もあると思いますが、存在する役職の数だけ設定します。金額は最高15〜20万円ぐらいから最低5〜10千円ぐらいです。同等級でも役職が違えば、それに応じて手当金額は異なります。

③ 家族手当：家族手当は典型的な属人手当なので、役割等級制度の中では必要不可欠な手当とは言えません。しかしながら、この手当は日本においては、古くから、企業の規模に関係なく存在してきたものなので、社員にもなじみが深く、会社にロイヤリティを感じる手当の一つと考えられます。その意味で、存続させる意義はあります。但し適用範囲を配偶者及び子供（22歳ぐらいまで）に限定し、親や孫は含めないのが好ましいです。又金額は配偶者5〜10千円、子供一人当たり5〜10千円が一般的です。

④ 通勤手当：ほとんど全ての企業が支給していますし、支給するのが妥当です。

⑤ 超過労働時間手当等：法令により支給します。

⑥ 危険手当等：特定の職種あるいは勤務地に支給される手当で、

危険の状態や労働環境が相対的に劣悪な状況を考慮した手当で
すので、必要に応じて設けるべき項目と考えます。

⑦　住宅手当：広範な地域で事業を展開する企業以外では、支給の
廃止を考えても良いと思います。本手当がなくなると採用面で
他企業と比較して劣位になると考えられる場合は、何らかの方
法で基本給に算入することで解決できます。

コラム⑰　諸手当の整理・改定基準

　まず既存の手当の中でその目的に照らして、重複してい
ると考えられる手当の統合あるいは廃止を行いましょう。
例えば、実例を挙げますと、職務手当、役付手当、及び管
理職手当が並存する場合です。この場合の問題点は、どの
手当も、職務内容に応じた手当と、職位に付随した手当が
混在している点です。このような場合は、職務手当は職務
の危険度、重労働の度合い、労働条件・環境の劣悪度等の
職務の性質をベースに設定し、管理職手当及び役付手当は
管理業務の大きさ・困難さ、すなわち職位に応じて設定す
るのが良いでしょう。役付手当と管理職手当は多くの場合
で１つに統合できると思います。

第4節　退職金

　退職金を廃止する企業も出てきていますが、今日、国の社会保険制度の将来が不安視されている中で、退職金は一つの重要な老後資金として位置付けられます。従って、既に退職金制度を設立している企業は、存続させるのが良いと思います。この制度のない企業は、基本給、賞与、諸手当を含めた総支給額のレベルが比較目標企業に対してどのような位置にあるかによって変わり、総支給額が既に目標企業を上回っているのであれば、創設する必要性は低くなります。

　退職金制度を創設、あるいは改定する場合は、ポイント制退職金制度を勧めます。

▷ ポイント制退職金制度の概要

　ポイント制退職金は等級別あるいは職位別に退職金額をポイントに換算して累計する制度です。1ポイントの価額は通常1万円とする場合が多いです。例えば部長職を1年務めると40ポイント（40万円）、課長職を1年務めると30ポイント（30万円）、係長職を1年務めると20ポイント（20万円）等のように決めます。そして各職位での在位年数に各職位のポイント数を掛けて特定の職位での退職金ポイント数を算出し、勤めた職位全てのポイントを合計して総退職金ポイントとし、その総ポイントにポイント価額を掛けて退職金額を算出します。役職の付かない一般職在職時も在職ポイントは

付きます。

▷ 職位ポイント表例

職位ポイントは在位職位ごとのポイント数と、その職位の在位年数の積として算出され、各々の職位でのポイント数の和として算出します。職位ポイントには原則勤続年数による上限を設けません。職位ポイント表の1例を下に示します。

職位名 (等級)	ポイント数
一般職　(1)	10
上級一般職　(2)	15
係長・主任　(3)	20
課長　(4)	30
部長・次長　(5)	35
本部長・部長　(6)	40

職位ではなく、等級にポイントを付与することもできます。その例を上表職位名の後ろの（　）内に表示しました。

▷ 勤続ポイント

勤続ポイントは、1年の勤続ごとに一律例えば10ポイントずつ一定年数、例えば勤続30年まで加算され、上限を例えば300ポイントとします。職位ポイントのみで当該会社の属する業界や同規模企業と遜色のない金額を支給できれば、勤続ポイントは必要ないかもしれません。但し退職金の要素に年功（あるいは勤続年）部分を

残したいのであれば、その分職位ポイントを調整（減額）する必要
があります。次に勤続ポイント例を示します。

▷ ポイント単価

　現在よく使われているポイント単価は「職位ポイント」及び「勤
続ポイント」とも各々1万円です。両者の金額を異なる数値に設定
することもできます。それぞれのポイント単価は将来の社会・経済
情勢、会社の状況等に応じて改定することができます。その場合、
改定後のポイント単価は、改定後に獲得されたポイントにのみ適用
します。

▷ 適格条件

　ポイント制退職金の支給基準は、今日の一般的な制度と同様に最
低勤続年数（例えば3年等）を設定します。又、今日の制度と同様に、
自己都合退職者には、定年退職者とは別のポイント数、あるいはポ
イント単価（勤続年数に応じて割引率を設定する）を設定すること
ができます。割引率は勤続年数に応じて0.5〜0.9のレンジが一般
的で、又、一定年数以上（20〜30年）の在職者は定年退職者扱い
とするケースもあります。

▷ ポイント制退職金制度の利点

　本制度では、退職時の基本給の額は退職金算出に全く関連を持ち
ません。基本給とは別に定められた、職位別退職金ポイントと在職

年数のみから算出されます。従って、退職金額を抑えるために基本給を上げられなかったり、退職金算出には含まれない、別建ての基本給まがいの支給を補填的に行うなどの変則的な賃金規程を設定する必要がありません。これからの日本の企業が社員の老齢化に直面することを考えると、年功による退職金の負担増を軽減させる制度であると思います。

　会社も毎年社員一人ずつの退職金の引当額が明瞭となり、社員も適宜自分の退職金を容易に計算することができます。

　ポイントの金額への変換レートは、前述の通り、社会情勢や会社の状況を勘案して変更することができますので、制度の骨格を変えずに、支給金額の増減を行うことができます。

▷ 新制度への移行措置

　新制度開始時点（旧制度からポイント制退職金制度への移行時点）では社員ごとにそれまでの退職金引当額を旧制度で計算し、その金額をポイントに換算します。退職時には新制度の獲得ポイントと旧制度のポイント換算額を合算して、総退職金額を算出します。

> **コラム⑱ ポイント計算の基準点**
>
> 　ポイントの計算時期には決まりがありませんが、できるだけ会社の決算期末日に合わせることが、会計上も好ましいです。又、ポイント単価を改定する場合は新会計年度から適用するのが、社員にも分かりやすく、且つ会計的にも処理しやすいです。

第5節　その他のインセンティブ

　会社は上記以外にも様々なインセンティブ（奨励金等）を社員に与え、社員のやる気や意欲を高めて、会社への貢献度を増加させます。次に代表的な項目を示します。

① Stock Option（株式オプション）制度

　日本でも大企業を中心に最近この制度を導入する企業が増えています。オプションの付与時と行使（売却）時の間に自社株式（親会社や子会社株式のケースもある）の値上がりがあれば、売却益を実現できる制度です。新興ＩＴ関連企業等で多額の売却益を得た人が話題になりますが、株価の値上がりがない場合は、利益の実現はあ

りません。

　原則として、株式上場企業以外は利用できない制度です。

②　RSU

(Restricted Stock Unit: 譲渡制限付き株式ユニット) 制度

　この制度も株式オプション制度と同様に自社株式等を使用した制度です。前者との違いは、株式オプションはその付与時の株価と行使時の株価との差額のみが行使者の収入になるのに対し、譲渡制限付き株式ユニットでは行使価格全額が行使者の収入になります。従って、一般的には譲渡制限付き株式ユニットは株式オプションより社員にとっては有利な制度とみなされますので、その付与数や行使可能年数等の条件がより厳しいのが普通です。

③　発明・特許報酬制度

　発明・特許あるいはソフトウエア一等の開発を行い、会社に利益をもたらした社員に与える報奨金です。根拠として使用する数字の算定が困難なケースもあり、そのような場合は専門家の意見を得ることが大切です。

④　資格取得奨励金制度

　会社が必要とする資格等の取得を奨励するための制度です。それぞれの資格の内容により、一時金として支給する場合と、月次給与の一部として支給する場合がありますが、一時金として支給することを勧めます。何故なら奨励金は会社による表彰制度の一部ですから、それ相応の金額で報いれば社員にとっても強い印象が残ります。そのため、小額を毎月支給するよりも一時金でより大きな金額を支

給するほうが効果的であると考えます。

　但し、特定の資格保有者を法令により会社がその業務遂行のために必要とする場合は、それらの資格に対して、月次給として支給することは考えられます。

第VIII章

評価

組織
風土

配置

等級
制度

研修
育成

報酬

採用

採用制度

　採用制度を確立していない企業が中小企業を中心に多く見受けられます。採用は欠員の補充を中心にせいぜい年に2~3名程度という企業が多く、そのような企業には採用制度を設置する必要性が見えないこともあります。しかしながら、人的資源の採用時の質は、それ以後の会社の業績に決定的な影響を与えます。勿論入社後の教育研修によっても、人材の質（知識・スキル・生産性・マネジメント力等）の向上は可能ですし、又実施すべきことですが、採用時の人材の基本的な資質はその社員のパフォーマンスの決定的な要因となります。このような観点から優秀な人材をコンスタントに採用するためには、それを可能にする制度が必要です。

第1節　採用計画

　採用活動は第一に採用計画の作成から始まります。採用計画は人員計画に基づいて作成され、人員計画は会社全体の業務計画の中の人的資源計画の主要な部分を占めます。人的資源計画には、業務計画により算定された全社計画、部門計画、部や課の計画等による必要人員数の算定が必要です。必要人員数は単に数字のみならず、職階別、専門技術あるいは分野別に、縦横の格子を埋めるように算定し作成します。これらの格子をまず既存社員で埋めていき、埋められない格子に入るべき人員が採用されるべき人員です。人的資源計画は短期（当年又は1年）及び中期（3年ぐらい）の2本立て計画が理想です。そして、当年度採用計画はこの内の短期計画を基に作成します。

第2節　部門別・職種別採用

　以前は日本の大企業は新卒中心の定期採用及びジェネラリスト採用が主流でしたが、ここ数年大きな変化が起こりつつあります。それは、通年採用及びスペシャリストあるいはスペシャリスト志向者の採用の増加です。これは広義のITを中心とした技術の専門化・

高度化の広まりの影響で、今後この傾向が益々強まるものと思われます。すなわち今後は、採用前にどのポジションにどのレベルの人を採用するかについてのプロフィール（スペック）を明確にすることが必要となります。

第3節 採用ポジションが要求する知識・スキル・経験・資格の明文化

　採用ポジションのプロフィール（スペック）はその都度作成することもできますが、既述の職務記述書を使用するのが効率的であり最適です。職務記述書は、原則的に社内の全てのポジションについて用意すべき書類です。記述書に明示されるべき項目は既に第2章第3節「職務記述書の必要項目」で説明しましたが、再度掲載しますと次の通りです（詳しくは添付資料②を参照下さい）。

・ポジション名（職名及び職階、等級等）、所属部門、勤務地
・指揮命令系統（直属上司のポジション名及び、下位者のポジション名）
・役割・目的
・主要職務

- 管理・決済・承認範囲
- 財務責任範囲
- 予算管理金額
- 必要とする知識、スキル及び経験年数
- 当該ポジションに必須のあるいは望ましい保有資格等

第4節　採用ソース（源泉）の決定

　採用者のプロフィールや人数が決まれば、次にどのような方法で採用を実施するかを決めます。採用のソース（源泉）は以下の通りです。

①　自社採用

　自社で採用する場合は、インターネット、新聞、雑誌での採用広告の掲載が一般的です。

②　採用代行会社の活用

　リクルート社などに代表される採用代行会社に採用の一部あるいは全部の業務を外注し、代行してもらうこともできます。その場合も採用する候補者のプロフィールを事前に明確にしておくことが必要です。代行会社の利用は同一プロフィールに相当多数の採用を行う場合に効率的且つ経済的です。新卒採用は代行会社を活用するのに最も有効です。逆に高職位で単一のポジションの採用はあまり有

効とは言えません。

③　人材斡旋紹介会社（サーチ会社・ヘッドハンター）の活用

　かなり以前から採用市場で活動している人材斡旋専門会社です。リテーナー方式とノンリテーナー方式そして両者の混合方式の会社があります。

ⅰ）リテーナー方式

　リテーナー方式は高職位のポジションに利用されるのが一般的です。この方式の会社は、顧客から個別のポジションのサーチの依頼を受けてからそのスペックに合った候補者の選考を始めます。従って、個別受注ですので、サーチ会社にとっては時間と費用の掛かる仕事になります。それゆえサーチ会社はこの方式では、あらかじめ市場の相場を参考に採用ポジションの年収（基本給＋賞与＋固定的に支払われる手当）を想定してその年収の一定割合（35〜45％）を報酬として請求する方式を取ります。実際の雇用契約金額が想定金額を上回っても、下回っても報酬額は変わりません。報酬の支払いは、通常、サーチ開始時に3分の1、2カ月後に3分の1、そしてサーチ終了時に残金の支払いとなります。もし所定の契約期間内にサーチが終了しない場合でも、支払った報酬は通常返金されず、支払い済みの金額は新たなサーチの報酬額に充当します。従って、このような、ほぼ報酬前払い方式は、信用度と実績のある、比較的少数のサーチ会社しか行っていません。

ⅱ）ノンリテーナー方式

　ノンリテーナー方式は成功報酬型のサーチ方式です。サーチの依頼があると、サーチ会社は自社の登録済の候補者の中から、サーチ依頼のスペックに近い候補者を抽出して、依頼者につなげます。従って、候補者の質はリテーナー方式ほど高くないと一般的に言われています。しかしミドルマネジメント以下のポジションの採用にはこの方式が適していると思います。この方式での報酬の支払いは成功報酬型で、サーチが完了した時点で確定した年間の報酬額にあらかじめ契約したパーセンテージ（通常25～35％）を掛け合わせて決めます。本方式は費用管理面ではリスクの少ない方式であると言えます。

ⅲ）両方式の併用

　現実的には両方式を併用するのが適切であると思います。高職位にはリテーナー、ミドルマネジメント以下にはノンリテーナーです。１つのポジションのサーチに両方式を併用することは通常ありません。採用担当者の業務の重複を避け、採用の効率を上げるためです。

第5節　インターン制度の活用

　これは自社採用の一方法ですが、近年利用する企業が増えていま

す。この制度のメリットは、あらかじめ会社で必要とする専門分野の学生をインターンとして迎え、数週間から数カ月間社内で一定の仕事に就かせる（多くは研修ですが）ことにより、それらの学生の能力や会社との適合性を確認できることにあります。

第6節　社員の推薦・紹介

　この方式は一部の企業では以前から奨励してきた方法です。会社からすれば、社員の一定のスクリーニングを経た候補者なので、全く知らない候補者の選考よりも安心ができる利点があります。しかしながら、推薦候補が不採用になる場合は推薦者との人間関係に悪影響が出る可能性があること、又紹介料の水準は高額に設定されることが少ない等の理由で、活発に利用される制度にはなっていません。

第7節　選考プロセス

　選考プロセスは選考者によって大きく候補者の選択が変わることを防ぎ、概ね社内のコンセンサスを得た候補者の採用をするための

制度です。

① **書類審査**

　自社であらかじめ設定した基準に基づいて行います。採用人数が少ない場合は全て自社で行うのが、物理的にも経費的にも勧められます。但し採用人数（従って応募人数）が多い場合は、全て自社で行うのは人的、時間的にも困難になりますので、前述の採用代行業者にこの業務の一部を外注することもできます。この場合も自社の書類審査基準（前述の職務記述書等）を外注先に渡して基準の統一を行います。

② **試験**

　各社が販売している能力テストや性格テストを購入し、その結果を採用の参考にすることは良いと思います。それ以外に自社で独自の問題を作成したり、特定のテーマについて小論文を書かせたりすることもできますが、その準備と採点に労力と時間が掛かるので、試験を利用する場合は、外部の専門会社が提供しているものを利用するのが得策かと思います。

　i）適性検査ツールの種類

　　適性検査には能力適性検査、性格適性検査、興味・指向適性検査及び総合適性検査の４種類があります。

　・能力適性検査

　　知的能力や知覚、作業能力を測定します。大きくは、多くの職務に共通して必要とされる能力を診断する一般知的能力検査（語彙や文章理解能力、数的処理能力（計算能力）、論理的推理能力

など）と主に事務的・定型的職務に求められる知的能力を測定する特殊能力検査（知覚や細かい作業の速さや正確さなど）に分けられます。

・性格適性検査

　行動様式やものの見方・感じ方など、日常的によく見られる行動特徴や性向を把握するための検査です。基本的には人物特徴の理解、職務や職場との適合性や一般的な優秀性の評価などを目的とします。

・興味・指向適性検査

　興味とは職業や職種に対する好き嫌いを意味し、指向とは興味と近い意味を持っていますが、好き嫌いといった感情よりも価値観（職業選択、職務や職場の選択場面においてみられる職業観）の傾向を表します。もともと職業ガイダンスなどのために開発され、その後配置や能力開発、キャリア開発などの場面で活用されましたが、現在は、単独で用いられることはまれで、能力・性格などと合わせて総合的な判定のために使用されることが多いです。

・総合適性検査

　前述３種類を合わせた総合的な検査であり、特殊な職種を除き、幅広い職種に対応する検査と考えられています。

結論的には、総合適性検査が最も一般的で、時間的、経済的な面からも適当と考えられます。これらの検査機関は主な会社でも5〜6社あり、それぞれ検査項目、検査時間、採点時間、信頼性係数、検査費用等が異なるので、会社のニーズに合ったものを選択することができます。

第8節　　面接

　面接は採用プロセスの中で最も重要なプロセスです。通常は書類選考及び試験に合格した候補者と行うプロセスです。面接について確立しておきたい制度は以下です。

▷ 面接シートの設定

　面接の評価基準や着眼点を全ての面接者で共有するために、Ａ4紙1枚程度の面接評価シートを作成すると、面接の効率化とより適格な候補者の採用に寄与します（添付資料⑥を参照下さい）。

▷ 面接シートの使用方法

①　面接者には、必ず面接シートを使用し、適切に記入することを義務づけます。面接シートは面接後可及的速やかに記入し、遅くとも面接の翌日までには作成します。

② 完成した面接シートは各自が必要枚数をコピーして他の面接者に配布します。

③ 総合評価がS及びAを採用候補者とし、B以下の評価を受けた者はそれ以降の選考から除外します。

④ 面接シートは人事部が2年間保管し、過去の面接で落ちた重複応募者の排除等に使用します。

▷ 面接者

① 必須の面接者

欠かせない面接者は採用者（被採用者の直属の上司となる者）、採用者の上司及び人事部の採用担当者です。上記以外に、採用部門の同僚となる社員（時に複数）や全く関連のない部門の管理職を加える方法もあります。会社の仕事は、一人で完結するものは少なく、協働で達成する場合が大部分ですので、可能な限り多くの社員の合意を得られる候補者を選ぶのが望ましいです。管理職クラスの面接は、役員の参加を求めることが必要です。

② 面接者の人数

1人の候補者に対する面接者の数は可能な限り多い方が望ましいですが、効率性を考慮すると、5名を最低とし、管理職クラスでは7～8名を想定する必要があります。

③ 面接の方法

候補者と1対1が原則ですが、同僚となる社員が面接をする場合は、複数の同僚が一度にすることもありますし、他部門の管理職が

面接する場合は複数の管理職が一度にしても良いです。

④　複数の候補者を同時に面接する場合

　これはグループ面接で、複数の被面接者を複数の面接者が行いますが、本方式は新卒採用以外ではあまり使われません。

⑤　採用者の最終決定

　全ての面接者が可能な限り一堂に会して、各自が自分の意見を述べた後、採決します。この会の進行は採用者（あるいは人事部の採用担当者）が行います。

コラム⑲　採用委員会の設置とその運営

　本委員会は常設ではなく必要に応じて組成されるのを原則とします。

　まずメンバーの選任ですが、原則として被採用者の採用者（直属上司になる人）及びその上司（被採用者が一般職であれば、課長及び部長、課長であれば部長及び担当役員等）、人事課長（あるいは人事部長）、人事部採用担当者、採用部門と業務上関連のある部門の採用者と同レベルの社員、採用部門と業務上関連のない部門の採用者と同レベルの社員等です。上記社員は最低６名となり、この程度の社員の関与は最小限必要かと思います。上級職の採用には上記以外に、他の役員あるいは社長が関与するのが望ましい

です。本委員会は採用者の書類選考及び面接が終了した後、速やかに開催すべきです。面接後日時をあけますと、採用候補者の印象が薄れ、適正な評価の障害となることがあります。更に、応募者に対しても、日時が経過しますといたずらに不安を与えることにもなり、又会社の決定に時間を要しますと、経営が非効率な印象を与える可能性もあります。

第9節　面接時に訊いて良い質問・悪い質問

　公正な面接を行うには、まず応募者の基本的人権を尊重した上で、応募者の適性・能力の把握のみを目的として行います。原則として当該ポジションの職務遂行に不可欠な被面接者の資質・知識・経験等に関する項目で、合理的理由があるものに限ります。

① **訊くべき・訊いて良い質問**

・履歴書・職務経歴書等提出された書類に記載された内容の詳細

・在職先を含めた過去の就業会社の志望理由・退職理由

・職務経験の中で、最も困難な出来事及び、その困難をどのように乗り越えたかについての具体的な経緯

- 職務経験の中で、最も成功したこと及び、その結果が会社・部門に与えた影響（できるだけ金額等定量的に）
- 応募職務の遂行に関連する長所・短所
- 管理職候補には管理職として、最も困難な経験をしたこと（時期・内容等）及びそれをどのように解決・克服したかの結果

② **訊いてはいけない質問**

- 本籍・出生地に関すること
- 性別
- 既婚か未婚か、恋人等の存在の有無
- 結婚や出産の予定
- 宗教、信仰に関すること
- 支持する政党に関すること
- 人生観、生活信条に関すること
- 尊敬する人物に関すること
- 思想に関すること
- 労働組合・学生運動など社会運動に関すること
- 家族に関すること（親兄弟・子供等の職業、続柄、健康、地位、学歴、収入、資産など）
- 住宅状況に関すること（持家、賃借、間取り、部屋数、住宅などの種類）
- 購読新聞・雑誌・愛読書などに関すること

　面接時の注意点をこれまで詳説しましたが、まず所要時間は長すぎてもダレてしまい、短すぎては必要な情報を取得できません。私の経験では、適正な所要時間は60分程度だと思います。質問内容については、本文で詳しく述べましたが、職務に関するもので、過去の自己の業績・貢献、成功体験及びその理由、失敗体験及びその理由、及び今ならどのように対応したか、緊急時体験及びその対応等が中心となります。

　最近特に注意すべき点は、セクハラとみなされるような質問を控えることです。特に女性に対して既婚か未婚か、結婚の予定はあるかなどは、通常入社後業務を遂行する上で、直接関係のない事柄ですので、絶対に訊かないようにすべきです。

第10節　レファレンス・チェック（身元照会）

本制度は選考の最終段階で米国において広く実施されている制度

ですが、日本においても外資系企業のみならず、日本企業でも中途採用者に適用するケースが増えています。但しこの制度の対象者は役員や部長・課長クラスが中心でそれ以下の採用にはあまり利用されません。

① **内容**

　被採用者の現職、前職における職務内容、成果、勤務態度、退職理由、長所及び短所、もし機会があったら再雇用するか等の質問を人事部門の採用責任者が、現職あるいは前職の上司等に問い合わせるものです。一種の身元照会ですが、その部分は少なく、前述の被面接者の業務に関わる評価の確認のために利用されます。照会方法は直接電話あるいはメールで確認するのが一般的です。米国では身元保証人を要求する会社は少なく、採用はあくまで当事者自身の評価により行われますので、このレファレンス・チェックが重要となります。

② **照会先**

　照会を行う相手は、被採用者の現在あるいは過去の上司及び同僚、取引先、出身校の教師あるいは本人の友人等です。

③ **照会先の選択**

　通常は候補者本人が採用者の要請を受けて行います。最終的な人数や照会先は採用者が決めます。

④ **照会人数**

　できるだけ公平な評価を得るために、最低3名の照会を行うことが一般的です。

⑤　**照会方法**

　メールや書面で行うほか電話で行うこともあります。経験的には、電話が細かいニュアンスも聞き取れるので、最も効果的であると思いますが、あらかじめ電話時間を決めるなど、相手方にも手間を掛けますので、常に可能とは言えません。

⑥　**質問内容**

ⅰ）職場関係者向け：

　　勤務態度（遅刻・欠勤の有無、能力、担当業務及びその働きぶり）

　　本人の長所・短所

　　協調性

　　着目すべき点

　　機会があれば、再雇用するか、又一緒に働きたいかどうか

ⅱ）職場外関係者向け：

　　生活態度

　　着目すべき性格・人柄

　　本人の長所・短所

　　協調性

採用についての留意点（コスト管理）

　採用に係る費用を考慮しない企業が多いですが、採用に係る費用は把握し、できれば予算化することが求められます。広義の費用として次の項目を認識する必要があります。

① 採用直接費

　採用広告費・採用外注費・人材斡旋費・レファレンス・チェック費等。

② 採用間接費

ⅰ）採用したポジションで期待するレベルの成果を出せるまでの期間の給与・賞与等の一定額（例：入社1カ月の戦力率が70％なら費用は給与等の30％）。

ⅱ）被採用者の教育研修費等。

ⅲ）被採用者の上司・同僚の当該被採用者に要する教育訓練時間の金銭換算額。

第IX章

評価

配置

組織
風土

等級
制度

報酬

研修
育成

採用

研修育成制度

　社員の人間性、知識、スキル等の向上は、全ての企業が目指していることです。

　又、社員の育成は採用の困難さの対抗手段としても重要な会社施策の一つです。それにもかかわらず、このような制度を持たない会社が、中小企業を中心に多く見受けられます。社員の育成には時間と費用が掛かり、又その効果に即効性があるとは限りません。それだからこそ、社員の育成は計画、運用、事後のチェックの全ての段階を計画的に実施する必要があります。

第1節 研修の種類と研修計画の設定

▷ 階層別研修

　階層別研修とは職位別研修で、部長研修、課長研修、新任管理職研修等です。

　階層別研修は同職位の社員のための研修なので、会社側は、各職位の社員が必須に保有すべき知識、スキル及び管理能力等の習得を目的に行います。

①　上級管理職研修

　部長クラス以上を対象とした研修です。このレベルの社員には、既に部や部門を率いている人が多く、従って研修内容も経営者としての人間力、判断力、決断力、コンプライアンス力等を求める内容となります。上級管理職は特に多忙ですので研修中に邪魔されることがないように、職場ではなく職場を離れた多少の遠隔地で、研修に集中できる環境を整えることが大切です。

②　中間管理職研修

　課長クラスを中心にその上下の職位の社員に向けた研修です。このクラスは新任からベテランまで年代、経験年数等の幅が広いのが特徴です。会社の実際の遂行力、達成力、エネルギーは彼らに負うところが大ですので、このクラスの研修はいかにして仕事の能率を上げられるか、そして部下の生産性や協調性を高めて課やチームの

成果をいかにして高めることができるか、などがテーマとなります。

③　初級管理者研修

　初めて部下を持つようになった社員が対象です。このレベルの社員の多くは今まで個人として単独で働いてきた人たちで、個人で働く限り非常に優秀な人もいます。しかしながら部下を持つことは、自分とそれらの人々を加えた総力が問われることになりますので、個々の和をそれ以上にしなくてはなりません。このように個からチーム又は課単位の思考に変革させるのが研修目標となります。

④　中途入社社員研修

　中途入社社員は様々な職位で入社します。彼らの経験、知識、スキルも同様に多様で、これら多様な人々を１つのクラスで研修するには自ずと限界があります。そこで、これらの対象者には、必要最小限の会社情報の提供に留めます。内容は、会社概況、会社の沿革、組織、主要部門の活動、主な役員・部長の紹介、就業規則の主な項目の説明、コンプライアンス関連項目の説明、パソコン操作・使用ソフトウエアーの説明、旅費精算方法等の実務的な内容が中心になります。上記内容を一日で行うのが、効率的です。上記内容に各部門長による当該部門の現況、未来展望などを加えるのは望ましいですが、それを行うには更に一日程度は必要となります。このクラスの社員には、別途必要に応じて後述の職種別研修を行います。

⑤　新卒社員研修

　新卒社員には上記④の項目に更に部門長や課長クラスの講義や、営業所や工場の見学を含めます。中には一部実習を含める会社もあ

ります。従って、新卒研修は、１週間から数カ月の期間を考慮すべきかと思います。

会社は業務内容や会社規模により、最適なプログラムの組み合わせを考えると良いと思います。

▷ 職種（専門分野）別及び共通項目別研修

① 職種（専門分野）別研修

職種別研修とは、専門分野別研修で、営業職、製造職、管理部門職、研究開発職等それぞれの専門知識やスキル、あるいは実習を通じた実務の習得を目的とするものです。職種により数週間から数カ月を要しますが、そのような期間、実務から完全に離れることは、現実的に難しい場合が多いと考えられますので、一定のまとまった期間を数回に分けて行うか、あるいは全て半日コースで行う等、業務に支障が少ない日程を設定するのが肝要です。

② 共通項目別研修

どの分野の社員にも共通に必要と考えられる項目の研修です。語学（主に英語）研修、ＰＣ研修、コンプライアンス（セクハラ・パワハラ講習を含む）研修、ダイバーシティ（多様化）研修などです。これらの中で、セクハラ・パワハラ講習は最近とみにその必要性が高まっています。その理由はセクハラ・パワハラの判断基準が明確でなく（被害者がそのように感じたら成立するので、被害者の感じ方による場合もある）、明らかな場合を除いて、どのような行為がハラスメントになるかを知るには講習等でしか学べないからです。

これらの研修は、社外の学校や講師に外注するケースが多いと思われますが、一部の研修（例えば語学）は毎週１回など常設することが必要なものもあり、運営管理をしっかり行っていく必要があります。又この分野の研修は、資格取得と密接な関連があるものがありますので、資格取得のサポートと合わせて運用することが重要です。

▷ オンザジョブトレーニング（ＯＪＴ）

　ＯＪＴは会社内の様々な現場における研修です。社内で且つ実際の部署での研修ですから、効率的であると同時に非常に効果的です。しかし、ラインの管理職が指導者となることが多いので、管理職にとっては業務的、時間的な負担が掛かります。又行き当たりばったりの指導では効果が薄いので、事前に当該部門と人事部で、指導内容等を明記した研修プログラムを作成することが必要です。

▷ e-ラーニング

　社員が隙間時間を活用して学習できるe-ラーニングを利用する企業が増えています。長所は、費用が安いこと、社員が学習時間を自分の生活パターンに合わせて自由に設定できること、又学習レベル、時間的ゴールを自分で決められること等柔軟に取り組める点です。短所は、会社側からの指示がない限り、学習の計画や実行が個人に任されるため、予定通り履修を完了しない社員が出ることです。

第2節　会社研修と資格取得

　学習する上で、資格取得はある意味で学習者の目に見えるゴールとなりえます。社員にとっては、資格取得はより高位の職種や役職に就く条件となる場合があり、昇級（昇格）や昇給の可能性が増えます。又会社によっては、特定の資格に資格手当を支給する場合があります。会社の視点では、特定の業種や職種では、国等が設定した有資格者の在籍が義務付けられている場合があり、その条件を満たす上でも有資格者の誕生は歓迎されます。

第3節　会社の支援

　ほとんどの会社で資格取得を推奨していると思いますが、制度として設定する会社は多くありません。資格取得は上記の通り会社、社員双方にとって有利なことですので、制度として明文化するのを勧めます。その場合次の項目を設定します。

①　会社が取得を支援する資格名のリストの公表

　会社はあらかじめ支援する資格の公表をする必要があります。もし社員からリストに漏れた有用な資格取得の申請があれば、その都度人事部で検討の上追加します。

② **費用の負担割合**

　種々のケースがありますが、外部の学習費用の一定割合（例えば50％等）を学習終了時に支給する、資格取得後に本人の申請により一定額の報奨金を一時金として支給する等です。特定の資格には、月次手当として支給する会社もあります。

③ **応募資格**

　応募資格を多く設定している例は見ませんが、入社後一定年数後等はあります。又同時にいくつまで応募できるかを決める必要があります。

④ **学習休暇の付与**

　会社にとって必須の資格取得のためには、試験の準備期間や受験日に有給休暇を付与するケースがあります。休暇の付与は非金銭的支援の中でも最も有効な支援です。

第4節　研修計画予算の作成

　育成研修の重要性からして、研修予算の作成及び業務計画への算入が必要です。研究開発費と同じく売上金額、又は人件費の一定比率を研修費として計上する会社もあります。又実施予定の研修項目ごとの予算金額を積み上げて、総予算額を決定する会社もあります。いずれにしても、研修項目別の予算を作成し、必要があればそれを

部門別に集計して、部門研修予算を作成します。その上で必要があれば予算の負担を人事部と該当部門で配分します。

コラム㉑　研修予算の目安

　研修は往々にして、場当たり的に行われたり、あるいは期末近くに予算に余裕ができた場合に行われたりするケースが見受けられます。社員の能力・貢献力を向上させる最も効果的な施策の一つが研修ですので、研修予算は年度業務計画にしっかりと組み入れることが望まれます。予算額の目途は、研究開発費などと同様に売上額の一定比率を用いるのが実用的且つ効率的です。中小企業の場合は、売上額の0.1～0.5％ぐらいから始めるのが現実的かと思います。売上が10億円の場合は100～500万円で、最終目標率・額を１％・１千万円まで伸ばせれば理想的です。

第5節　研修費用の管理

全ての研修費用の予算と実績は、比較して管理するのが大切です。

階層別研修及び共通項目別研修（新入・中途社員研修、語学研修、ＰＣ研修、コンプライアンス研修等）は人事部門が予算作成し、予実管理をします。職種別研修（営業研修、特定技術研修等）は当該部門が予算作成及び管理をするのが一般的ですが、会社によっては人事部門が一括管理する場合もあります。いずれにしても、金額総額の管理のみではなく、社員一人当たりの研修金額等をモニターするのは、研修の費用対効果を測定する上でも大切です。

第6節　研修・教育効果の測定

　研修効果の測定は、直接行うことは非常に困難です。しかしながら、効果の及ぶ範囲は広いので、数値効果及び非数値的効果を総合して判断します。

① **数値化できるもの**
　社員満足度調査結果の変化
　顧客満足度調査結果の変化
　社員の資格取得数
　英語検定試験などの一人当たり増加点数等

② **数値化できないが、間接的に効果が現れるもの**
　社員の生産性の向上による売上増加や利益増加
　社員の効率性の向上による残業時間削減等の経費の削減等

離職率の低減

応募者数の増加等

コラム㉒　評価者研修計画の作成及び実施について

　ここで研修の中でもとりわけ重要な評価者研修について
触れます。評価者研修計画は本書の記述に沿って、評価制
度概論、総合業績評価及び目標管理評価の３部構成で作成
するのが望ましいです。評価制度概論は講義中心で、本書
第Ⅲ章にある項目を網羅して説明します。所要時間は60
分から90分を予定します。総合業績評価及び目標管理評
価研修は、それぞれ初めの60分程度の講義後に、２時間
半から３時間程度の評価演習を行います。

　総合業績評価研修では、あらかじめ想定した社員の評価
対象行動を、会社で使用している評価表に照らして、１か
ら５の段階評価を行います。そのやり方は、まず参加者が
個人個人で評価し、その後にグループ（４〜６名ほど）で
個人評価結果を議論し、それをグループの統一意見にまと
め、グループの代表が、研修参加者全員の前で結果を発表
し、参加者からのフィードバックを得るという流れです。

　目標管理評価は、目標設定が50％、その評価が50％で、
各々の参加者に各人の所属部署に適する目標項目を作成し

てもらい、各部署から2～3名の代表者の目標項目を参加者で検討します。その後で、仮定した評価結果をベースに参加者で検討します。

第7節　社員ごとの教育記録の保管

　社員個人ファイル（電子ファイルも含む）には必ず各社員の研修記録を収納することが必要です。研修記録は社員個人個人のキャリア面での"学習と成長"に役立つと同時に、モレ・ダブリのない有効且つ効率的な研修運営を実現するためにも必要です。この記録は、職務異動や転属、昇級・昇格及び新たな研修の機会の提供等に利用できます。

第8節　研修制度の運用

　階層別研修、職種別研修、ＯＪＴ研修、e-ラーニング等を学習目的に応じて使い分け、最適な研修ツールの組み合わせを実現することが望まれます。

当然のことながら、クラスルーム方式はニーズに合わせた手作りの質の高い研修を提供できますが、その都度運営に手間と時間、更にコストが掛かります。e-ラーニングは市販のものでもそれぞれの科目ごとに多数の種類から会社のニーズに合った物を選択でき、開発時あるいは購入時に初期コストが掛かりますが、運営費は通常低く抑えられます。

第9節　研修の内製化か外注化か

　内製化か外注化かの判断基準は対象社員数によります。100名未満の組織では、一般的に外注が得策であると考えられます。何故なら内製化するためには、社内講師の養成が必要となり、更に少なくとも半専任の講師を配置する必要から費用対効果で有利になることは難しいからです。但し新入社員研修の一部は、社内ルールや組織及び会社の沿革等、比較的定型化された講義内容ですので、人事部等が研修計画の作成から運営管理等に至るまで行うのが望ましいです。社員数が数百人規模になりますと何らかの研修担当社員を配置することが望ましいです。

第X章

評価

配置

組織風土

等級制度

研修育成

報酬

採用

組織風土

　組織風土の問題は多岐に亘ります。組織改革についてはこれまでに沢山の理論が外国及び日本においても生まれています。企業組織に限って言えば、企業の目標を達成するため、又社員のやりがい、自己実現、及び自己啓発等を達成するためにどのように集団を統治したら良いか、その実現手段の重要な一つが組織改革です。風土改革については第一にどのようにすれば社員の求心力を高めることができるか、すなわちどのようにして社員に共通の目標を持たせて、その目標に向かって社員を動員できるかを制度化することです。最後に風土改革のための具体的施策を例示します。

第1節　組織改革

　組織論には種々ありますが、私は組織は戦略に従うべきであると
考えます。何故なら、組織の戦略、計画や方針が先にあって、それ
らを実現する一手段として組織があるからです。従って、戦略や方
針が変われば、それに合わせて組織も変更すべきです。この考えは、
組織の柔軟性を必要とします。逆に、戦略は組織に従うという考え
方もあります。官公庁や時に大企業においては既存の組織に合わせ
て戦略や計画を考える傾向にあり、それが創造的で柔軟な組織横断
的施策の実現を阻害する要因になっています。ここではいかにして
効率的で有効な組織を作るかについて種々の角度から見ていきま
す。

①　組織のフラット化

　組織のフラット化とは組織の平坦化、すなわちトップから最下層
のレベルまでの階層をできるだけ少なくすることです。伝統的には
一般的に取締役未満の階層には、部門長、部長、課長、係長、主任、
一般職、そしてそれらの間に代理や副が付く職位がある場合もあり
ます。このような重階層の組織では意思決定に時間が掛かり、権限
移譲が複雑になって、効率的ではありません。そこでフラット化を
することで階層を削減します。部門長、部長及び課長の職位（階層）
は残しても、副や代理及び次長の職位（階層）はできるだけ省きま

す。フラット化をするにはまず管理職職位の削減から手を付けるべきです。

　更に課長未満の職位（係長・主任等）もその必要性を改めて検討し、可能な限り削減します。このレベルは必要に応じて、チームやグループなどの名称を付けて、そこに所属する社員にはチーム（グループ）リーダーやチーム（グループ）メンバーなどの簡素化した名称を与えるのも良いと思います。これにより意思疎通の円滑化、意思決定の迅速化、権限下位委譲による社員の自立性の向上を図ります。

② **権限移譲**

　組織がフラット化する場合は、それに合わせた権限移譲を考えなくてはなりません。チーム（グループ）リーダーレベルまで一定の権限移譲を行うことが効率的な組織の運用につながります。

③ **物理的勤務場所の多様化**

　リモートワークの普及、海外居住社員の参加等により、同じ組織の構成員が概ね同じ場所で働いていた時代と異なり、物理的勤務場所が益々多様化する今日、このことは組織編成上重要な考慮点となります。

④ **社員の多様化**

　フレックスタイム利用者、短時間労働者、高齢者、外国人、障害者等、文化やワークスタイルの異なる社員が増加する中で、そのような様々な社員を考慮に入れた組織作りが必要とされています。その中で十分にコミュニケーションが取れる制度の設計が重要です。

⑤ デュアル・レポーティング制度（2重報告制度）

通常比較的規模の大きな組織で一般的な制度とされていますが、中小規模でも多店舗・多種商品展開を行っている企業には有効な制度です。この制度は例えば、支店のＡ商品の販売社員は、その支店の支店長ないしは営業部長に報告義務を負うと同時に、本社のＡ商品の統括責任者へも報告義務を負うという制度です。この制度の長所は、当該販売員は所属する支店の上司からの指示のみならず、本社からＡ商品についての専門的知識あるいは販売ノウハウ等を得ることができ、より高度な販売サービスを顧客に提供できることにあります。逆に短所は報告先が複雑になり、時に２つの指揮系統の指示が異なる場合、販売員がどちらの指示に従うかについて悩むことがありえます。ちなみに、当該販売員の業績評価は、支店の上司が主で本社の上司が従となる場合が多いです。

⑥ 常設組織と臨時組織

組織には営業部、経理部のように、会社が存続していく上でほぼ必須の組織と、その都度必要に応じて作られる臨時組織とがあります。その時々の経営戦略の遂行のためには、特に臨時組織が重要です。そのような場合、室とか特別本部などの名称を付ける場合が多いですが、何々プロジェクト・チームに統一すると分かりやすいです。これらのチームにはいくつかの必要条件があります。

・達成目標が明確であること

・完成／終了期限があること

・リーダー・メンバーが原則兼務社員であること

・メンバーの選抜は組織横断的であること

・プロジェクト・チームの勤務は業績評価に反映されること

　プロジェクト・チームの利点は、各々のプロジェクトには最適な社員が選ばれるので、会社から見て質の高い成果を得られること、又社員にとっては、ルーチン業務と異なった業務への参加により、自身の能力開発や社内の人的ネットワークの構築につながる場合が多いということです。

⑦　**チェックシステムの確立**

　社員の自立を促し、改廃等柔軟性の高い組織では、従来以上にコンプライアンスや牽制制度が重要です。会社に不利益をもたらす可能性のある業務分担をチェックし、ある場合は速やかに変更することが必要です。典型的な例は、支出の承認者が支払いや振り込みを一人で行う等です。又監査的業務を行うポストを設置することが望ましいですが、人的制約がある中小規模企業においては、利益相反機会の少ない社員を兼務で配置するのも一案です。

第2節　　風土改革

　会社には何らかの求心力となって社員を一つの方向に束ねるものが必要です。創業者が健在の企業では、創業者自身のカリスマ性がその求心力となるケースもあります。しかしながら、そのような場

合はその創業者が退任するとたちまち求心力が失われて社内に混乱が生じることがあります。従って、社員を一つの方向に束ねるものはより永続的で、社員がいつでもどこでも目にすることができる共通な目標として明記することが必要です。このような目的のために作られるものが、ビジョンや、ミッション、クレド、社是などです。

①ビジョンとは

ビジョンとは会社の存在意義・使命を述べたものです。一般的に以下の項目を含みます。

i) 誰のために存在するか？（世界／人類／特定地域の人々／顧客／サプライヤー／株主／国等）

ii) 何をどのようにして？（〇〇の製造販売を通じて、〇〇のサービスを提供して等）

iii) 何のために？　どのような貢献をするために？（関係する地域の繁栄と発展のため／経済的価値の増大のため／文化的発展に寄与するため等）

iv) 現状を踏まえた上で、未来志向の内容にする

②　ミッションとは

ミッションとは、ビジョンを実現するために何をどのようにするかを述べたもので、一般的に以下の項目を含みます。

・会社の基本原理・概念・価値観

・永続的な基本方針

・社員の行動指針

・コンプライアンス事項

・ グローバル規範・スタンダード

・ 顧客・サプライヤー・社員・株主・国・政府・地域・環境等

③　クレド・社是とは

　クレド（ラテン語で約束・信条等の意）は社員が心がける信条や行動指針を述べたもので、ビジョンやミッションと明確な違いはありません。しいて言えば、クレドは社員を中心に置いた内向きな理念という気がします。

　社是は多くの場合創業時に作られたもので、今日要求される顧客、サプライヤー、社員、株主、債権者、国又は地域、更に環境等、多岐に亘る関係者を意識したものは少ないです。従って既にクレドや社是がある場合はそれらを参考にしてビジョンやミッションを作るのが良いと思います。

④　ビジョン及びミッションが力を発揮するためには

　社員と経営陣がその価値観に共感し、更に共有できることが最も重要です。

　そのためには次のようなことに留意します。

・ これらを共有することにより、社員や経営陣の全てに連帯感が生まれるようにする。

・ 明快で分かりやすく皆で唱和できるもの。

・ 決して机の引き出しに閉じ込めておかないこと。

・ 経営陣が率先して実行すること。

・ 経営陣がそれに反する行為を決して行わないこと。

・ 社員や経営陣が判断や決断に迷う時の行動の拠り所（価値基準）

となるもの。

・ビジョン・ミッションに共鳴する人を採用することによって、そ
　れらを強化すること。

第3節　　風土改革の施策

　会社風土改革のための施策をいくつか見ていきましょう。風土改
革はいかにして社員の思いを一つに束ね共通の目標に向かって彼ら
の行動を起こさせるかです。そのために直接的に働きかけられる方
策の一つは、社員の満足度を向上させることです。以下にそれらの
施策のいくつかを例示しますが、それぞれの会社に合った項目を採
用されるのが望ましいです。実行可能な施策の中で最も重要、且つ
影響を及ぼす範囲が広いのが、バランス・スコアカード（Balanced
Scorecard）です。

▷ バランス・スコアカード（ＢＳＣ）

　バランス・スコアカード（ＢＳＣ）は1990年代に米国で開発さ
れた会社あるいは部門業績評価システムです。従来の財務指標中心
の業績管理手法の欠点を補うものとして、財務数値で表せる業績だ
けではなく、財務以外の観点から経営を評価し、バランスのとれた
総合的業績評価システムを目指したものです。ＢＳＣは財務の視点、

顧客の視点、社内業務プロセスの視点、学習と成長の視点という４つの視点から指標を設定し、バランスのとれた目標達成のための事前指標を作成します。

①　財務の視点

　財務の視点は、従来の企業の財務的成功度を測定するための視点で、主な指標としては、売上高、利益率、ＲＯＥ（自己資本利益率）、ＥＰＳ（一株当たり利益額）などです。

②　顧客の視点

　顧客の視点は、企業がより良く顧客に対応するために達成しなくてはならない視点で、主な指標としては、顧客満足度、顧客ロイヤリティ、顧客クレーム数などです。

③　社内業務プロセスの視点

　財務目標の達成や顧客満足度の向上を実現させるために改善しなくてはならない業務プロセスで、サービスや製品の開発プロセス（時間、費用等）の改善、販売ルート（販売チャネルの簡素化等）の改善、事務・生産プロセスの効率化、アフターサービスの改善などです。

④学習と成長の視点

　学習と成長の視点は、主に社員の能力等の向上を目指す視点です。主な指標としては、社員満足度の改善、社員定着率の向上、社員資格取得数、研修時間の増加等です。

　ＢＳＣを導入することによって、会社の進む方向により良く社員

を引き込むことができ、その結果を年度の昇給率や、賞与支給額に反映させることによって、より納得度の高い報酬体系を構築することができます。しかしながら、各指標の設定や、各種満足度調査には、一定の時間とコストが掛かる場合もありますので、スタート時は簡潔な指標の設定が望まれます。

▷ その他の施策

① 社内ルールの整備及びアップデート

就業規則等社内ルールは会社及び社員にとっての行動指針ともなり、日々使用され、社員が閲覧しやすいように会社が配慮することが望ましいです。それにもかかわらず、法令等の改正があってもそれらに合わせた改定を何年も行わず放置している例を見ます。規則等は常に必要に応じて改定・更新をし、最新の法規等に基づいて社員の権利を確保する必要があります。会社により規程の種類は異なりますが、少なくとも就業規則やその他の規程に、本書でも説明しました、役割等級制度、評価制度、配置制度、報酬制度、採用制度、表彰制度、及び懲戒制度等を含めることが必要です。

② コンプライアンスの周知徹底

今日、社会人として、又企業人としての責任がより厳しく問われています。それぞれの会社が信じる社会人・企業人としてふさわしい思考・行動基準を明示することが必要です。特にセクハラ及びパワハラについては厳格な罰則規定を設け被害者が出ない環境を整えることが求められます。社員のセクハラ・パワハラ以外の苦情も含

めて、相談窓口を人事部内等に常設することが望まれます。

③　表彰制度（業務上の表彰とは別の）の設定

　月間又は四半期ＭＶＰ（最高殊勲選手）などの表彰制度を作り、一定の選考基準に基づいて表彰者を選び、社員の前で授与式を催すことは、社員のモラールの向上に寄与します。このほか５年、10年等の勤続表彰や、表彰とは言えませんが、月次誕生日会の開催などもあります。

④　社長ランチミーティング

　日常、社長と接触の機会が少なく、社長の人物や考え方に親しみを感じない社員が多くいます。そこで、社長を身近な存在と感じてもらう一案として社長とのランチミーティングがあります。参加者は管理職未満で、どの回も組織横断的に募り、１時間から最大で90分程度の時間が目安です。社長とのコミュニケーションが図られる以外に社員からの提案が会社の施策に採用されるなど、その効果は広範囲に亘ります。

⑤　全社員総会（タウンホール・ミーティング）

　米企業ではよく見られる集会で、社長始め会社幹部が、全社並びに部門の年度計画の発表や、期中・期末会社業績の報告、その他重要事項の報告を行うための集会です。開催頻度は一般的に年２回、多い会社では年に４回も行います。会社幹部から、業績を中心に会社の近況を聞くことによって、社員と会社の一体感が高まります。時間的な制約、遠隔地からの参加等、物理的な障害もありましょうが、ビデオ・カンファレンス等の使用により実行すると大きな効果

が期待できます。

⑥　**成績優秀者・功労者の発表会・スピーチ**

　社員のうち成績優秀者や社内外で功労のあった人に、他の社員の前で30分程度のスピーチをしてもらうイベントです。このような人々からは必ず学ぶべきもの、あるいは感動する言葉を聞くことができます。これらの体験を共有することによって、社員は学び、新たな気持ちを持つことができ、又発表者と一体感を持つことができます。社員の時間の効率的利用の観点から、昼食時間に行う会社もあります。

⑦　**社員満足度調査**

　会社は種々の社員満足度向上施策を行いますが、その効果が出ているのか、どの程度出ているのか、前回調査時よりどの項目が改善し、どの項目が後退したのか等を測定し、その結果を事後の改善項目として取り上げる必要があります。この目的を達成するために利用されるのが社員満足度調査です。年1回の社員満足度調査の実施を勧めます。結果は社員に公開し、場合によっては全社で、あるいは各部門で、高得点項目は維持し、低得点項目の改善を社員と共に考え改善案を作成する等の行動が望ましいです。このことにより、社員に結果についての当事者意識、又連帯感が生まれることが期待できます。

コラム㉓　社員の一体感及び当事者意識の醸成

　社員の一体感及び当事者意識の醸成のために有効な施策の一つは、年度業務計画の作成、社員への周知、及び計画の進捗状況の月次、4半期、半期あるいは年度ごとのモニター及び公表です。全社年度業務計画は、それが部や課といった部門計画にブレイクダウンされ、個々人の目標管理項目に取り入れられることにより、全ての社員がそれらの計画の一端を担うことができ、会社との一体感及び当事者意識を醸成することができます。その結果、全社員が同じゴールを持つことで、強力な一体感が生まれ、モメンタム（推進力）となります。

　又会社業績の社員への公表は、その結果が悪い時は勇気がいりますが、結果の良し悪しにかかわらずその原因等について説明を行う姿勢を貫くと、社員の信頼感を獲得することができます。

第XI章
新人事制度移行の周知及び諸制度の年間スケジュール

　新人事制度を実施する場合は、社員に事前に相当期間を設けて通知し、又無理のない新制度への切り替えを行う必要があります。通知期間は個々の項目によって異なりますが、もしいくつかの項目を一度に行うのであれば、1～2カ月前が望ましいと思います。更に、社員に対し新制度についての説明を十分に（説明1時間プラス質疑応答30分程度）行う機会を設けることが望ましいです。そのためには、社員説明会（ライブあるいはインターネット）を開催し、社長ないし人事担当役員及び人事部長が直接説明を行うことが最良です。これらのレベルの会社幹部の直接的且つ積極的な関与が新制度に対する会社の真摯度を示すバロメーターになります。新制度の説明と同様に大事なのが、変わらず継続する制度の説明です。何がどう変わって何が変わらないか、それぞれの理由を明確に説明することが大切です。この説明会で網羅すべき項目及び個々の時期は以下の通りです（年間人事スケジュール例は添付資料⑦を参照下さい）。

第1節　役割（職務）等級制度

　新役割（職務）等級制度への移行については実施の１～２カ月前に説明する必要があります。個々の社員に対して、新役割（職務）等級制度の下での等級や職位（変わる社員も変わらない社員も）については実施の１カ月前までに通知します。新制度において、等級や職位が前制度より低くなる社員には、個別面接を通じて十分な説明を行い、理解を得ることが必要です。

第2節　評価

　新評価制度に移行するためには、実施の１～２カ月前に説明する必要がありますが、実施時期は通常、現行の評価期間を存続させる場合は、総合業績評価は４月から、目標管理・賞与評価は４月及び９月からになります。それ以前は現行制度の適用を継続します。新評価制度の説明は、評価項目、評価基準、評価の重みづけ、目標項目の設定の仕方等について丁寧に行う必要があります。評価制度の運営には社員の理解と協力が欠かせません。

（年間実施スケジュール）

①　総合業績評価実施：４月～翌年３月周期の場合は、翌年４月初

旬～中旬。それ以降に評価の集計、必要に応じた評価の全社的調整を行う。

評価結果の本人への通知：昇級（昇格）、昇給等の通知と共に５月中旬～下旬。

② 目標管理評価実施：４月～９月及び10月～３月の年２回を前提にする場合は、それぞれ10月初旬～中旬、及び４月初旬～中旬。

評価結果の本人への通知：それぞれ11月中旬～下旬、及び５月中旬～下旬。

| 第3節 | **配置** |

新配置制度の運用は、新評価制度の運用の結果を踏まえて行うものですから、通常新評価制度の実施から６カ月あるいは１年後から開始します。新配置制度の説明では、評価結果と昇降級及び昇降格との規程に定められた関係の説明が特に重要です。従って、昇降級や昇降格の新配置制度の説明は、新評価制度の説明と同時に行うのが最適です。評価結果が公正に昇降級及び昇降格に反映されて初めて、新人事制度の目標が達成されたといえます。

（年間実施スケジュール）

原則として、第２節の評価結果に基づいて、配置を行います。こ

のほか、会社の必要に応じて、適宜行うこととします。

　通知：昇級、昇格及びその他異動は５月中旬～下旬。

　配置実施：６月１日

　社内公募を行う場合は公募期間２週間程度、選考期間１カ月程度
を目安とします。

第４節　　報酬

　新報酬制度への移行の説明はその発効の１～２カ月前に行いま
す。しかし新報酬制度の実施が新評価制度の運用と同時に行われる
場合は、配置と同じく新評価制度の実施から６カ月あるいは１年後
から開始します。この場合は、新報酬制度の説明は新評価制度の説
明と同時に行うのが、社員にとって最も分かりやすいです。新報酬
制度の説明では、評価結果と昇降給の幅、及び賞与の金額との規程
に定められた関係の説明が重要です。評価結果が公正に昇降給額や
賞与額に反映されて初めてペイ・フォー・パフォーマンス（成果・
貢献度に応じた報酬）が実現されます。

（年間実施スケジュール）

　原則として、第２節の評価結果に基づいて、給与及び賞与の支給
を行う。

　新月次給与通知：６月１日前後

新月次給与支給：6月分より

賞与通知：年2回を前提に、4月〜9月期間分は11月中旬〜下旬、
　　　　　10月〜3月期間分は5月中旬〜下旬。

賞与支給：10月〜3月期間分は6月中、4月〜9月分は12月中。

第5節　採用

　採用については新しく採択する採用方法、面接の重要性等を強調
します。当該制度はいつでも実施可能ですが、実施の1カ月前ぐら
いには周知するのが好ましいです。

第6節　研修育成

　通年実施の場合は、年初に全体スケジュールを周知することで、
社員は計画的に参加しやすくなります。

　個別研修プログラムは実施の3週間〜1カ月程度前に周知するの
で良いです。1つの研修プログラムの作成には相当の時間と労力が
掛かりますので、事前の準備は周知の3〜6カ月前から始めなくて

はなりません。

第7節　組織風土

　新たな社内イベント等の周知は実施の１カ月程度前で良いですが、イベントのプログラム化には相当の時間と労力が必要ですので、やはり個別イベント準備は３〜６カ月前から始める必要があります。

添付資料

①役割等級定義例（第Ⅱ章第2節）

②職務記述書例（第Ⅱ章第3節）

③総合業績評価表例（第Ⅳ章第1節）

④目標管理評価表例（第Ⅴ章第4節）

⑤等級別基本給レンジ表例（第Ⅶ章第1節）

⑥採用面接評価シート例（第Ⅷ章第8節）

⑦年間人事スケジュール例（第Ⅺ章）

①役割等級定義例 （第Ⅱ章第2節）

等級	資格基準項目	資格基準要件
6	役割	取締役を補佐し、担当部門の利害を超えて、全社最適化の視点から、取締役会の決議事項を最適な方法、最高の効率で遂行し企業利益を創造する。
	組織へ影響を及ぼす範囲	社員のレベルで、組織へ最高の影響力を有する。
	責任・権限 （支配する資源の大きさ）	社員のレベルで最高の責任及び権限（ヒト・モノ・カネ）を有する。
	管理・報告関係	取締役及び取締役会に報告し、担当部門社員を管理する。
	計画・立案	全社の経営方針・戦略・計画の作成に参加し、担当部門の目標・計画等を最終立案責任者として提出する。
	遂行	承認された部門目標・計画を社内外の資源を最大限に活用し、予算支出を管理して、所定の部門利益を実現する。
	知識・スキル	職務に必要な知識及びスキルを全て保有する。更に職務に要求される資格を保有する。
	判断・決断	平時及び緊急時に冷静な判断を下し、最適な決断をする。
	折衝・調整	相手の主張にも十分敬意を払い、自己あるいは自部門の主張を明確に相手に伝え、決定した内容を実行するために関係者の協力を得る。
	コミュニケーション	部内及び関連部門と情報交換を行い、情報の共有を積極的に行うと共に、上位者及び下位者との報告・連絡・相談を適切に行う。
	顧客指向	顧客第一主義の信念を持ち、顧客ニーズを満たし、顧客満足度を向上させ、顧客の問い合わせ、クレーム等に迅速且つ適切に部下を指示し対応させる。
	人格・倫理性・執務態度	職務において、会社を代表できる人間として高い人格、倫理性を有し、且つ模範となる執務態度を示し社内外の人望を得る。
	コンプライアンス	社内外の法律・規則等を遵守し、優れた情報管理を実行し、最高度のコンプライアンスを実践する。
	指導力	平時及び緊急時に部門社員等を強いリーダーシップを発揮して統率する。
	部下の評価・配置	部下の部長・次長・課長等の評価・昇降級・昇降格・異動に直接関与し、それ以下の部門社員の評価等の最終責任者となる。部下の適正・公正な評価に基づき適材を適所に配置する。
	人材発掘・採用・育成	全社的レベルで人材の発掘・採用に関与し、中長期的に人材の育成を率先する。

等級	資格基準項目	資格基準要件
5	役割	部長を補佐し、部長の指示により担当部の目標・計画を全社最適化を視野に入れ、最も効率的に遂行し、部門利益を実現する。部長が不在の場合は取締役の指示により、部長職を代行する。
	組織へ影響を及ぼす範囲	担当部門へ相当の影響力を有する。
	責任・権限 （支配する資源の大きさ）	担当部門の責任及び権限（ヒト・モノ・カネ）を一部有する。
	管理・報告関係	本部長・部長に報告し、担当部門員を管理する。
	計画・立案	担当部門の経営方針・戦略・計画の作成に参加し、担当部門の目標・計画等の一部を立案責任者として提出する。
	遂行	承認された部門目標・計画の全部あるいは一部を社内外の資源を最大限に活用し、予算支出を管理して、所定の部門利益を実現する。
	知識・スキル	職務に必要な知識及びスキルを十分に保有する。更に職務に要求される資格を十分に保有する。
	判断・決断	平時及び緊急時に冷静な判断を下し、最適な決断をする。
	折衝・調整	相手の主張にも十分敬意を払い、自己あるいは自部門の主張を明確に相手に伝え、決定した内容を実行するために関係者の協力を得る。
	コミュニケーション	部内及び関連部門と情報交換を行い、情報の共有を積極的に行うと共に、上位者及び下位者との報告・連絡・相談を適切に行う。
	顧客指向	顧客第一主義の信念を持ち、顧客ニーズを満たし、顧客満足度を向上させ、顧客の問い合わせ、クレーム等に迅速且つ適切に自ら対応し、あるいは指示して部下に対応させる。
	人格・倫理性・執務態度	職務において、社員に模範となる人格・倫理性を有し、且つ社員に模範となる執務態度を示す。
	コンプライアンス	社内外の法律・規則等を遵守し、部員及び下位者の模範となる、コンプライアンスを実施する。
	指導力	平時及び緊急時に部門社員をリーダーシップを発揮して統率する。
	部下の評価・配置	部下の次長・課長等の評価・昇降級・昇降格・異動に直接関与し、それ以下の部門社員の評価等の最終責任者となる。部下の適正、公正な評価に基づき適材を適所に配置する。
	人材発掘・採用・育成	部門レベルで人材を発掘・採用し、中長期的に人材の育成を行う。

等級	資格基準項目	資格基準要件
4	役割	部長及び次長を補佐し、上位者の指示により、担当課の業務計画を実施し、課の利益目標を達成する。部長・次長が不在の場合は、取締役の指示により部長・次長職を代行する。
	組織へ影響を及ぼす範囲	担当課の業務に相当の影響力を有する。
	責任・権限 （支配する資源の大きさ）	担当課に対する責任及び権限（ヒト・モノ・カネ）を有する。
	管理・報告関係	部長・次長に報告し、担当課員を管理する。
	計画・立案	所属部門・部の経営方針・戦略・計画の作成に参加し、担当する課の目標・計画等を立案責任者として提出する。
	遂行	承認された課の目標・計画を社内の資源を活用し、予算支出を管理して、所定の課の利益を実現する。
	知識・スキル	職務に必要な知識及びスキルを率先して保有し、更に職務に要求される資格を保有する。
	判断・決断	担当する課において、冷静な判断を下し、最適な決断をする。
	折衝・調整	相手の主張にも十分敬意を払い、自己あるいは担当課の主張を明確に相手に伝え、決定した内容を実行するために関係者の協力を得る。
	コミュニケーション	課内及び関連課等と情報交換を行い、情報の共有を積極的に行うと共に、上位者及び下位者との報告・連絡・相談を適切に行う。
	顧客指向	顧客第一主義の信念を持ち、顧客ニーズを満たし、顧客満足度を向上させ、顧客の問い合わせ、クレーム等に迅速且つ適切に自ら対応し、あるいは指示して部下に対応させる。
	人格・倫理性・執務態度	職務において、課を代表する人間としてふさわしい人格・倫理性を有し、課員に模範となる執務態度を示す。
	コンプライアンス	社内外の法律・規則等を遵守し、課員及び下位者の模範となるコンプライアンスを実施する。
	指導力	平時及び緊急時に課員をリーダーシップを発揮して統率する。
	部下の評価・配置	部下の課員の評価・昇降級・昇降格・異動に直接関与し、必要に応じて上位者の承認を得る。
	人材発掘・採用・育成	課レベルで人材を発掘・採用し、短中期的に人材の育成を行う。

等級	資格基準項目	資格基準要件
3	役割	課長を補佐し、最上位一般職者として、担当する日常的定型業務を統括し、上位者の管理の下、相当の裁量を持って非定型業務を遂行する。
	組織へ影響を及ぼす範囲	一般職として、係以下へ影響力を有する。
	責任・権限 （支配する資源の大きさ）	係以下のレベルに一定の責任及び権限（ヒト・モノ・カネ）を有する。
	管理・報告関係	課長及びその上位者に報告し、担当係員を課長等の指示に基づいて管理する。
	計画・立案	課の計画の作成に参加し、担当係の目標・計画等を課長に提出する。
	遂行	承認された係の計画を社内の資源を活用し、予算支出を管理して、所定の係の利益を実現する。
	知識・スキル	担当業務を遂行するのに必要な知識及びスキルを保有する。更に職務に要求される資格を保有する。
	判断・決断	係レベルで適切な判断を下し、適正な決断をする。
	折衝・調整	相手の主張にも十分敬意を払い、自己あるいは担当係の主張を明確に相手に伝え、決定した内容を実行するために関係者の協力を得る。
	コミュニケーション	課内及び関連部門と情報交換を行い、情報の共有を積極的に行うと共に、上位者及び下位者との報告・連絡・相談を適切に行う。
	顧客指向	顧客第一主義の信念を持ち、顧客ニーズを満たし、顧客満足度を向上させ、顧客の問い合わせ、クレーム等に迅速且つ適切に対応する。
	人格・倫理性・執務態度	職務において、上級一般職としてふさわしい人格を有し、一般職に模範となる執務態度を示す。
	コンプライアンス	社内外の法律・規則等を遵守し、一般職の模範となるコンプライアンスを実施する。
	指導力	一般職の下位者を実務面を中心に指導する。
	部下の評価	課長の指示に基づき、一般職の下位者の評価に関与する。

等級	資格基準項目	資格基準要件
2	役割	課長等上位者を補佐し、日常的定型業務を上位者の包括的指導の下に行う。上位者の個別的な指示の下に、非定型業務も行う。
	管理・報告関係	課長及び上級一般職に報告する。
	計画・立案	課長等の指示により、課及び係レベルの計画の作成に参加することがある。
	遂行	与えられた課あるいは係の目標・計画を実施する。
	知識・スキル	業務に必要な知識及びスキルを保有する努力をする。更に職務に要求される資格を保有する努力をする。
	判断・決断	与えられた業務の遂行に必要な判断を下す。
	折衝・調整	相手の主張にも十分敬意を払い、自己あるいは所属する課あるいは係の主張を明確に相手に伝える。
	コミュニケーション	課係内及び関連部門と情報交換を行い、情報の共有を積極的に行うと共に、上位者及び下位者との報告・連絡・相談を適切に行う。
	顧客指向	顧客第一主義の信念を持ち、顧客ニーズを満たし、顧客満足度を向上させ、顧客の問い合わせ、クレーム等に迅速且つ適切に対応する。
	人格・倫理性・執務態度	職務において、社員に求められる倫理性を発揮し、就業規則等社内ルールに則った執務態度を保持する。
	コンプライアンス	社内外の法律・規則等に習熟し、コンプライアンスを実施する。
	指導力	担当業務を中心として、下位一般職者を指導する。

等級	資格基準項目	資格基準要件
1	役割	課長等の指示・指導の下に、日常定型業務を行う。担当する定型業務を速やかに習得し、早期に当該業務を単独で遂行できるレベルに到達する。
	報告関係	課長あるいは係長等会社の指定する上司に報告する。
	遂行	与えられた業務を正確・迅速に実施する。
	知識・スキル	職務に必要な知識及びスキルを早期に習得する。更に職務に要求される資格を保有するために努力をする。
	判断	職務に要求される判断を適正に行う。
	折衝・調整	相手の主張にも十分敬意を払い、自己あるいは所属する課あるいは係の主張を明確に相手に伝える。
	コミュニケーション	部内及び関連部門と情報交換を行い、情報の共有を積極的に行うと共に、上位者へ報告・連絡・相談を適切に行う。
	顧客指向	顧客第一主義の信念を持ち、顧客ニーズを満たし、顧客満足度を向上させ、顧客の問い合わせ、クレーム等に迅速且つ適切に対応する。
	人格・倫理性・執務態度	職務において、社員に求められる倫理性を発揮し、就業規則等社内ルールに則った執務態度を保持する。
	コンプライアンス	社内外の法律・規則等に習熟し、コンプライアンスを実施する。

職務記述書例

職位名称：営業部長	氏名：	等級：　6

部門	営業部	指揮命令	営業担当取締役
		上位	
勤務地	東京都中央区	下位	営業課長、営業所長等

役割・使命	・取締役会等で決定された全社営業計画等に基づき、他部門の利益を損なうことなく協調して、最適な方法で最も効率的に、計画を実行し所定の企業利益を創出する。 ・職務において、会社を代表できる人間として高い人格、倫理性を有し、且つ模範となる執務態度を保持し、社員として最高度のコンプライアンス（法律遵守に加えて、社内規範、社会の倫理性や道徳観に従って、企業活動を行うこと）を実践する。
主要職務	（計画・立案） 全社営業計画（売上・利益計画を含む）及び部門業務計画を作成し、取締役会等の承認を得る。更に、中長期営業計画を毎年作成・更新し、取締役会の承認を得る。 （営業目標の達成） 承認された営業計画を、行使しうる社内外の資源を活用して達成する。 （業務改善） 部門業務改善の検討・立案を行い、更にその実施及び普及を行う。 （人材管理・育成） 営業活動を通じて、下位者へ提言、助言を行い、評価を通じて指導育成する。 （計画・予算管理・報告） 定期的に計画の進捗状況及び経費予算の支出状況を確認し、必要に応じて対策をとる。管理状況を定期的に取締役会等に報告する。

添付資料

担当業務及び 管理承認業務	・定められた金額までの見積、受発注、経費支出（出張・旅費 交通費・交際費）等の承認・決済 ・定められた金額までの契約決済 ・定められた金額までの与信承認 ・直属部下の業績評価、昇級、昇格、昇給、異動等の実施及び それ未満の部下の該当項目の承認 ・部下の有給休暇及びその他の休暇・欠勤及び時間外勤務の最 終管理・承認 ・営業部門に属する車両を含む有形・無形固定資産の最終管理
財務責任	営業部門の売上・利益並びに部門人件費及び経費
必要とする知識・ スキル	・営業計画・経費予算・業務改善計画等の立案力 ・経営資源（ヒト、モノ、カネ、情報等）を活用して目標を達成 し、問題を解決する能力 ・経営管理諸表（主に財務諸表）を熟知し、分析する能力 ・労務管理、原価管理、安全管理、品質管理、地域社会等につ いての理解力及び対応力 ・優れたコーチング及び助言力 ・優れたプロジェクト管理力 ・業界・政治・社会・経済の現状や将来の動向を把握し理解す る力
必要とする又は 望ましい保有資格	特定の資格を必要とする場合に記入
必要とする又は 望ましい経験内容・ 年数	同規模企業以上の営業関連部長等を7年以上、又は同等の経験

主要職務以外の職務	例外的にある場合に記入

作成者名：	作成年月日：
承認者名：	承認年月日：

職務記述書例

職位名称：第一営業課長	氏名：	等級： 4

部門	営業部第一営業課	指揮命令 上位	営業部長
勤務地	東京都中央区	下位	第一営業課係長以下一般職

役割・使命	・担当する営業課に割り当てられた、売上・利益計画を、最適な方法で最も効率的に実施し、所定の売上・利益を達成する。 ・職務において下位者の模範となる人格・倫理性を有し、且つ模範となる執務態度を保持し、高いコンプライアンス（法令遵守に加えて、社内規範、社会の倫理性や道徳観に従って、企業活動を行うこと）を実践する。
主要職務	（計画・立案） 担当する課の売上・利益計画及び業務計画等を作成し、営業部長の承認を得る。更に、中長期営業計画を毎年作成・更新し、営業部長の承認を得る。部全体の売上・利益及び業務計画の作成に営業部長の指示の下に関与する。 （営業目標の達成） 承認された営業計画を、社内外の資源を活用して達成する。 （業務改善） 課の業務改善の検討・立案を行い、更にその実施を行う。 （人材管理・育成） 日常の管理を通じて、下位者へ実務的な助言を行い、評価を通じて指導育成する。 （計画・予算管理・報告） 月次計画の進捗状況及び経費予算等の支出状況を確認し、必要に応じて対策をとる。管理状況を定期的に営業部長等に報告する。

担当業務及び 管理承認業務	・定められた金額までの見積、受発注、経費支出（出張・旅費 　交通費・交際費）等の承認・決済 ・定められた金額までの契約決済 ・定められた金額までの与信承認 ・直属部下の業績評価、昇級、昇格、昇給、異動等の実施、及 　びそれ未満の部下の該当項目の承認 ・部下の有給休暇及びその他の休暇・欠勤及び、時間外勤務の 　最終管理・承認 ・担当する課に属する車両を含む有形・無形固定資産の管理
財務責任	担当課の売上・利益並びに人件費及び経費
必要とする知識・ スキル	・担当課の営業計画・経費予算・業務改善計画等の立案力 ・担当課に与えられた経営資源（ヒト、モノ、カネ、情報）等を 　活用して、目標を達成し、問題を解決する能力 ・販売する商品及び該当するマーケットに関する十分な知識及 　び理解力 ・経営管理諸表（主に財務諸表）を理解する能力 ・十分なコーチング及び助言力 ・課レベルのプロジェクト管理力 ・一般社会の動向を察知し、理解できる能力
必要とする又は 望ましい保有資格	特定の資格があれば記入
必要とする又は 望ましい経験内容・ 年数	同規模企業以上の営業関連課長等を5年以上、又は同等の経験

主要職務以外の職務	例外的にある場合に記入

作成者名：	作成年月日：	
承認者名：	承認年月日：	

職務記述書例

職位名称：人事部長	氏名：	等級： 6

部門	人事部	指揮命令 上位	人事担当取締役
勤務地	東京都中央区	下位	人事課長等

役割・使命	・取締役会等で決定された全社人事計画等に基づき、他部門の利益を損なうことなく協調して、最適な方法で最も効率的に、計画を実行し、所定の企業利益の創出に協力する。 ・職務において、会社を代表できる人間として高い人格、倫理性を有し、且つ模範となる執務態度を保持し、高いコンプライアンス（法令遵守に加えて、社内規範、社会の倫理性や道徳観に従って、企業活動を行うこと）を実践する。
主要職務	（計画・立案） 全社の人事計画を作成し、取締役会等の承認を得る。更に、中長期計画を毎年更新し、取締役会の承認を得る。 （人事計画の達成） 承認された人事計画を、行使しうる社内外の資源を活用して達成する。 （業務改善） 人事業務改善の検討・立案を行い、更にその実施及び全社への普及を行う。 （人材管理・育成） 職務を通じて、下位者へ提言、助言を行い、評価を通じて指導育成する。 （計画・予算管理・報告） 定期的に計画の進捗状況及び諸経費予算の支出状況を確認し、必要に応じて対策をとる。管理状況を定期的に、取締役会等に報告する。

担当業務及び 管理承認業務	・定められた金額までの見積、受発注、経費支出（出張・旅費 交通費・交際費）等の承認・決済 ・定められた金額までの契約決済 ・直属部下の業績評価、昇級、昇格、昇給、異動等の実施及び それ未満の部下の該当項目の承認 ・部下の有給休暇及びその他の休暇・欠勤及び時間外勤務の最 終管理・承認 ・人事部門に属する有形・無形固定資産の最終管理
財務責任	人事部門の部門人件費及び経費
必要とする知識・ スキル	・人事計画・経費予算・業務改善計画等の立案力 ・経営資源（ヒト、モノ、カネ、情報）等を活用して目標を達成 し、問題を解決する能力 ・人事労務関連全体に亘る十分な知識・理解力及び周辺業務に 係る十分な知識 ・経営管理諸表（主に財務諸表）を熟知し、分析する能力 ・優れたコーチング及び助言力 ・優れたプロジェクト管理力 ・業界・政治・社会・経済の現状や将来の動向を把握し理解す る力
必要とする又は 望ましい保有資格	特定の資格を必要とする場合に記入
必要とする又は 望ましい経験内容・ 年数	同規模企業以上の人事部長等を7年以上、又は同等の経験

主要職務以外の職務	例外的にある場合に記入

作成者名：	作成年月日：
承認者名：	承認年月日：

職務記述書例

職位名称：人事課長	氏名：	等級：	4

部門	人事部人事課	指揮命令	
		上位	人事部長
勤務地	東京都中央区	下位	人事係長等

役割・使命	・担当する課の業務計画を適正な方法で、効率的に実施し所定の目標を達成する。 ・職務において、適正な人格、倫理性を有し、且つ模範となる執務態度を保持し、高いコンプライアンス（法令遵守に加えて、社内規範、社会の倫理性や道徳観に従って、企業活動を行うこと）を実践する。
主要職務	（計画・立案） 担当する課の業務計画を作成し、人事部長の承認を得る。同課の中長期計画を毎年更新し、人事部長の承認を得る。人事部全体の計画の作成に人事部長の指示の下に参加する。 （業務計画の達成） 承認された課の業務計画を、社内外の資源を活用して達成する。 （業務改善） 課の業務改善の検討・立案を行い、更にその実施を行う。 （人事管理・育成） 日常の管理を通じて、下位者へ実務的な助言を行い、評価を通じて指導育成する。 （計画・予算管理・報告） 月次計画の進捗状況及び経費予算等の支出状況を確認し、必要に応じて対策をとる。管理状況を定期的に人事部長等に報告する。
担当業務及び 管理承認業務	・定められた金額までの見積、受発注、経費支出（出張／旅費交通費・交際費）等の承認・決済 ・定められた金額までの契約決済 ・直属部下の業績評価、昇級、昇格、昇給、異動等の実施及びそれ以下の部下の該当項目の承認 ・部下の有給休暇及びその他の休暇・欠勤及び時間外勤務の最終管理・承認 ・担当する課に属する有形・無形固定資産の管理

財務責任	担当する課の人件費及び経費
必要とする知識・スキル	・担当課の業務計画・経費予算・業務改善計画等の立案力 ・担当課に与えられた経営資源（ヒト、モノ、カネ、情報）等を活用して、目標を達成し、問題を解決する能力 ・人事労務分野に亘る現在及び将来の十分な知識及び理解力 ・経営管理諸表（主に財務諸表）を理解する能力 ・十分なコーチング及び助言力 ・プロジェクト管理力 ・一般社会の動向を察知し、理解できる能力
必要とする又は望ましい保有資格	特定の資格があれば記入
必要とする又は望ましい経験内容・年数	同規模企業以上の人事関連課長等を5年以上、又は同等の経験

主要職務以外の職務	例外的にある場合に記入

作成者名：	作成年月日：
承認者名：	承認年月日：

189

添付資料

総合業績評価表　各部門共通・管理職（　　　　年度）

氏名	部門	職位 在位年数	等級 在位年数	実施 年月日

	評価要素	着眼点	評価 重みづけ **A**	自己評価 **B** B×A	第一次 評価 **C** C×A	第二次評価 （最終評価） **D** D×A
業績評価	目標達成度	・予算・目標達成度はどうであったか。 　目標管理（賞与）評価表結果の転記：（　　　　　　） ・あらかじめ設定した（期中修正分を含む）予算・目標以外の項目の達成度はどうであったか。 ・次年度の業績・目標達成に関わる仕事への取り組みはどうであったか。	×4	（　　）	（　　）	（　　）
	仕事の 質・量	・仕事の質・量共に地位にふさわしい結果を出し、期待を上回ったか。 ・仕事の結果に不良や問題を起こしたことはなく、あっても迅速且つ十分に回復したか。 ・難易度の高い仕事にも取り組んだか。	×2	（　　）	（　　）	（　　）
	業務の 効率・改善	・常に費用対効果を勘案して業務を遂行したか。 ・仕事の処理にあたり、優先順位をつけて行ったか。 ・業務の省力化・効率化のための工夫改善を提案し実行したか。 ・部下の改善提案を積極的に取り上げ、それらの実施を支援したか。	×2	（　　）	（　　）	（　　）
			小計①			
情意評価	責任性	・会社の方針や目標を理解し、与えられた業務を完全に遂行したか。 ・部下に権限を与え、それらの仕事の結果に対する責任をとったか。 ・仕事を所定の期限内に終わらせたか。	×1			

	評価要素	着眼点	評価重みづけ A	自己評価 B B×A	第一次評価 C C×A	第二次評価（最終評価）D D×A
情意評価	積極性	・担当業務の質的向上、量的拡大に関し意欲的に取り組んだか。 ・チャレンジ精神が旺盛で、何事にも前向きに取り組んだか。 ・指示を待つのではなく、何をしたら良いかについて自ら考えて行動したか。	×1			
	協調性	・他の社員と協力して業務を遂行したか。 ・同僚が忙しい時に進んで助力したか。	×1			
	執務態度	・社員の模範となる執務態度を保持したか。 ・上司の指示、命令をよく守り、誠実に勤務したか。 ・コンプライアンス（法律遵守に加えて、社内規範、社会の倫理性や道徳観に従って、企業活動を行うこと）を実践したか。	×1			
		小計②				
知識技能	知識技能（スキル）	・業務に必要な専門知識及びスキルを有し、それらを日常業務に適用したか。 ・企業人として必要な一般的及び社会的知識を有し、それらを日常業務に適用したか。 ・業務知識・スキルの向上に努力したか。 ・保有する業務に役立つ知識・スキルを進んで、他の社員と共有したか。	×1			
		小計③				
能力評価	決断力	・常に状況や情報を見極め、会社及び部門に最適な結果をもたらす判断を下し、とるべき措置を速やかに決定できたか。 ・緊急時あるいは突発事態において、限られた情報等しか得られない状況下でも最適な決断ができたか。	×1			

	評価要素	着眼点	評価 重みづけ **A**	自己評価 **B** B×A	第一次 評価 **C** C×A	第二次評価 (最終評価) **D** D×A
能力評価	企画力	・地位に応じたレベル（全社・部・課等）で方針・計画・戦略等を作成できたか。 ・方針・計画等作成の際に会社や部門の方向性やニーズを十分に取り入れたか。	×1			
	コミュニケーション力	・上位者に報告すべき事態の判断ができ、要領よく報告・連絡・相談ができたか。 ・部内及び関連部門と情報交換を積極的に行い、情報の共有ができたか。 ・情報管理力（必要な情報を適切な範囲で保有・共有し秘密保持ができていること）を有したか。	×1			
	顧客志向性	・顧客第一主義の信念を持ち、顧客ニーズを満たし、顧客満足度を向上させたか。 ・顧客の問い合わせ、クレーム等に迅速且つ適切に対応できたか。	×1			
	折衝力 調整力	・目標達成のために、案件に即した必要関連部門と十分に話し合いを行ったか。 ・相手の主張にも十分敬意を払いつつ、自己あるいは自部門の主張を明確に相手に伝え、且つ所期の目標を達成したか。 ・決定した内容を実行するために関係者の協力を得たか。	×1			
			小計④			
指導力	リーダーシップ	・会社や部門のビジョンや短期・長期の目標・計画等を対象者のレベルに応じて、具体的に示したか。 ・目標を達成するために、下位者へ個々の職務を公平に配分し、下位者のモラールを維持・向上させたか。 ・常に先頭に立って行動したか。	×1			

	評価要素	着眼点	評価重みづけ A	自己評価 B B×A	第一次評価 C C×A	第二次評価 (最終評価) D D×A
指導力	人材育成力	・下位者がトラブルや問題に直面した時に、必要に応じて迅速に相談に乗り、適切な助言を行ったか。 ・下位者の育成を熱心に実行したか。 ・下位者の業績評価を公正に行い、且つ被評価者から納得を得たか。	×1			
		小計⑤				
合計点数①−⑤の合計						

最終評価（S，A，B，C，D）で表示	

自己 コメント	
1次評価者 コメント	
2次評価者 コメント	

［評価記入方法］
1. 自己評価者は被評価者、1次評価者は被評価者の直属の上司、2次評価者は1次評価者の上司。2次評価者の評価点を最終評価点とする。
2. 評価段階は、非常に優れている（5）、優れている（4）、期待水準を満たしている（3）、やや劣る（2）、極めて劣る（1）、のいずれか。
3. 評価重みづけは会社のマネジメントが、重要とみなす項目に付与する。

4. 評価点数は、重みづけが2以上の項目の場合はその欄の上段（　　）内に記入し、下段に重みづけ後の点数を記入する。点数は重みづけ×評価点数で算出する。
5. 項目別に重みづけ × 評価点数の合計を小計欄に記入し、その合計を合計点数欄に記入する。
6. 最終合計点数は下記の換算表により、S，A，B，C，Dのどれかに換算し、最終評価欄に記入する。

合計点数	平均評価点	評価段階
90-100	4.5以上	S（非常に優れている）
80-89	4.0以上	A（優れている）
70-79	3.5以上	B（期待水準を満たしている）
60-69	3.0以上	C（やや劣り指導を要する）
59以下	3.0未満	D（きわめて劣り改善を要する）

総合業績評価表　各部門共通・一般職（　　　　年度）

氏名	部門	職位 在位年数	等級 在位年数	実施 年月日

	評価要素	着眼点	評価 重みづけ A	自己評価 B B×A	第一次 評価 C C×A	第二次評価 （最終評価） D D×A
業績評価	目標達成度	・予算・目標達成度はどうであったか。 　目標管理（賞与）評価表結果の転記：（　　　　　） ・あらかじめ設定した（期中修正分を含む）予算・目標以外の項目の達成度はどうであったか。 ・次年度の業績・目標達成に関わる仕事への取り組みはどうであったか。	×3	（　　）	（　　）	（　　）
	仕事の 質・量	・仕事が正確で任せられた仕事を自己完結的にできたか。 ・仕事の結果に不良や問題を起こしたことはなく、あっても迅速且つ十分に回復したか。 ・難易度の高い仕事にも取り組んだか。	×2	（　　）	（　　）	（　　）
	業務の 効率・改善	・常に費用対効果を勘案して業務を遂行したか。 ・仕事の処理にあたり、優先順位をつけて行ったか。 ・業務の省力化・効率化のための工夫改善を提案し実行したか。	×2	（　　）	（　　）	（　　）
			小計①			

添付資料

	評価要素	着眼点	評価 重みづけ A	自己評価 B B×A	第一次 評価 C C×A	第二次評価 （最終評価） D D×A
情意評価	責任性	・会社の方針や目標を理解し、与えられた業務を完全に遂行したか。 ・安心して仕事を任せることができたか。 ・仕事を所定の期限内に終わらせたか。	×1			
	積極性	・担当業務の質的向上、量的拡大に関し意欲的に取り組んだか。 ・チャレンジ精神が旺盛で、何事にも前向きに取り組んだか。 ・指示を待つのではなく、何をしたら良いかについて自ら考えて行動したか。	×1			
	協調性	・他の社員と協力して業務を遂行したか。 ・同僚が忙しい時に進んで助力したか。	×1			（　　　）
	執務態度	・社員としてふさわしい執務態度を保持したか。 ・上司の指示、命令をよく守り、誠実に勤務したか。 ・コンプライアンス（法律遵守に加えて、社内規範、社会の倫理性や道徳観に従って、企業活動を行うこと）を実践したか。 ・理由のない遅刻・早退・欠勤がなかったか。	×2	（　　　）	（　　　）	（　　　）
			小計②			
知識技能	知識・技能（スキル）	・業務に必要な専門知識及びスキルを有し、それらを日常業務に適用したか。 ・企業人として必要な一般的及び社会的知識を有し、それらを日常業務に適用したか。 ・業務知識・スキルの向上に努力したか。 ・保有する業務に役立つ知識・スキルを進んで、他の社員と共有したか。	×2			
			小計③			

	評価要素	着眼点	評価 重みつけ A	自己評価 B B×A	第一次 評価 C C×A	第二次評価 (最終評価) D D×A
能力評価	理解力	・ 与えられた仕事の内容及び自分が置かれている状況を常に正しく理解したか。 ・ 必要な新しい物事及び変化する状況を素早く理解したか。	×1			
	思考力 判断力	・ 物事に対して、多面的に考慮したか。 ・ 物事に対して、正しい判断ができたか。	×1			
	コミュニケーション力	・ 上位者に報告すべき事態の判断ができ、要領よく報告・連絡・相談ができたか。 ・ 部内及び関連部門と情報交換を積極的に行い、情報の共有ができたか。 ・ 情報管理力（必要な情報を適切な範囲で保有・共有し秘密保持ができていること）を有したか。	×1			
	顧客志向性	・ 顧客第一主義の信念を持ち、顧客ニーズを満たし、顧客満足度を向上させたか。 ・ 顧客の問い合わせ、クレーム等に迅速且つ適切に対応できたか。	×1			
	折衝力 調整力	・ 目標達成のために、案件に即した必要関連部門と十分に話し合いを行ったか。 ・ 相手の主張にも十分敬意を払いいつつ、自己あるいは自部門の主張を明確に相手に伝え、且つ所期の目標を達成したか。 ・ 決定した内容を実行するために関係者の協力を得たか。	×1			
			小計④			

	評価要素	着眼点	評価 重みづけ **A**	自己評価 **B** B×A	第一次 評価 **C** C×A	第二次評価 （最終評価） **D** D×A
指導力	リーダーシップ	・担当する実務に関し、適宜下位者に助言や指導を行ったか。 ・自分の所属するチーム等内で、成果を挙げるために集団の先頭に立って組織を牽引するために貢献したか。 ・自分の所属するチーム等内で、組織内の士気や和を維持高揚するために努力したか。	×1			
			小計⑤			
合計点数①－⑤の合計						

最終評価（S，A，B，C，D）で表示	

自己 コメント	
1次評価者 コメント	
2次評価者 コメント	

［評価記入方法］

1. 自己評価者は被評価者、1次評価者は被評価者の直属の上司、2次評価者は1次評価者の上司。2次評価者の評価点を最終評価点とする。
2. 評価段階は、非常に優れている（5）、優れている（4）、期待水準を満たしている（3）、やや劣る（2）、極めて劣る（1）、のいずれか。
3. 評価重みづけは会社のマネジメントが、重要とみなす項目に付与する。
4. 評価点数は、重みづけが2以上の項目の場合はその欄の上段（　）内に記入し、下段に重みづけ後の点数を記入する。点数は重みづけ×評価点数で算出する。
5. 項目別に重みづけ × 評価点数の合計を小計欄に記入し、その合計を合計点数欄に記入する。
6. 最終合計点数は下記の換算表により、S，A，B，C，Dのどれかに換算し、最終評価欄に記入する。

合計点数	平均評価点	評価段階
90-100	4.5以上	S（非常に優れている）
75-89	3.75以上	A（優れている）
65-74	3.25以上	B（期待水準を満たしている）
55-64	2.75以上	C（やや劣り指導を要する）
54以下	2.75未満	D（きわめて劣り改善を要する）

営業担当者用記入例

大項目分類	目標項目	重みづけ (A) %	自己達成度評価 (B) %	1次評価達成度 (C) %	2次評価達成度 (D) %	最終達成度評価 (E) % (A) X (D)
業績・成果・改善・革新等に関わる目標	①昨年度比10%増の5億円の売上をＡ社向けを中心に達成する。結果：売上6億円を達成した。6/5＝120%	35%			120%	42%
	②売上粗利益率を昨年度比3%増の15%を達成する。結果：粗利益率１５％を達成した。	20%			100%	20%
	③新規顧客を3社以上開拓する。結果：新規顧客の獲得は２社にとどまった。2／3＝66.7%	15%			67%	10%
	④具体的項目					
		(小計70%)				72%
プロセス成果・自己啓発等に関わる目標	①担当顧客の取引条件（支払い期日）を平均10日短縮する。結果：支払い期日を11日短縮した。11／10＝110%	15%			110%	16.50%

目標項目・結果	重みづけ	達成度	評価
②部下のＡが期末までに単独で営業ができるように指導する。 結果：達成度は８０％程度と評価する。	10%	80%	8%
③評価者研修に出席し、公正な評価ができるようにする。 結果：当初の目標を達成した。	5%	100%	5%
④具体的項目			
⑤具体的項目			
(小計30%)			29.50%
(総計100%)			101.50%

[評価記入方法]

1. 自己評価者は被評価者、1次評価者は被評価者の直属の上司、2次評価は1次評価者の上司。2次評価者の評価点を最終評価点とする。

2. 大項目分類において業績に直接関わる、業績・成果・革新等の部分と、業績に間接に関わる、改善・プロセス成果・自己啓発等の部分に目標を分ける。

3. 目標項目欄に具体的で、できるだけ数値化できる項目を記入する。目標数は成果部分で1～4、プロセス部分で1～3程度とする。

4. 重みづけは重点項目に多く配分し、且つパーセントで表示し、パーセントの総合計を100とする。成果部分とプロセス部分の配分は会社が決定するが、70:30を目安とする。

5. 各評価者は所定の目標を過不足なく達成した場合に100%とし、超過した場合はそれ以上、未達がある場合は、それ以下の評価とする。

6. 最終評価は2次評価者の評価とする。

7. 最終達成度評価は、各項目ごとに重みづけ×評価達成度で算出し、その合計を最終達成度評価点とする。

管理部門担当者用記入例

大項目分類	目標項目	重みづけ (A) %	自己達成度評価 (B) %	1次評価達成度 (C) %	2次評価達成度 (D) %	最終達成度評価 (E) % (A) X (D)
業績・成果・改善・革新等に関わる目標	①新規人事プロジェクトに参加し、期末までに完成する。 結果：初期の計画を達成した。	30%			100%	30%
	②同上プロジェクトの周知のため、4営業所で、説明会を開催する。 結果：初期の計画を達成した。	20%			100%	20%
	③月次決算の所要日数を現行の8営業日から6営業日に2日間短縮する。 結果：1.5日の短縮を達成した。 1.5／2＝75%	20%			75%	15%
	④具体的項目					
	⑤具体的項目					
		(小計70%)				65%
プロセス成果・自己啓発等に関わる目標	①人事データを一元管理できるシステムを作成する。 結果：当初の予定以上のスピードで完成させた。110%評価	15%			110%	16.50%

200

項目					
②部門内ミーティングを新たに創設し、月に1回以上主催する。 結果：当初の計画を達成した。	10%			100%	10%
③人材開発に関わる外部セミナーに出席する。 結果：当初の成果を達成した。	5%			100%	5%
④具体的項目					
⑤具体的項目					
	(小計30%)				31.50%
	(総計100%)				96.50%

[評価記入方法]

1. 自己評価者は被評価者、1次評価者は被評価者の直属の上司、2次評価者は1次評価者の上司。2次評価者の評価点を最終評価点とする。

2. 大項目分類において業績に直接関わる、業績・成果・改善・革新等の部分と、業績に間接的に関わる、プロセス成果・自己啓発等の部分に目標を分ける。

3. 目標項目欄に具体的で、できるだけ数値化できる項目を記入する。目標数は業績・成果部分で1～4、プロセス部分で1～3程度とする。

4. 重みづけは重点項目に多く配分し、且つパーセントで表示し、パーセントの総合計を100とする。成果部分とプロセス部分の配分は会社が決定するが、70:30を目安とする。

5. 各評価者は所定の目標を過不足なく達成した場合に100%とし、超過した場合はそれ以上、未達がある場合は、それ以下の評価とする。

6. 最終評価は2次評価者の評価とする。

7. 最終点達成度評価は、各項目ごとに重みづけ評価点数で算出し、その合計を最終達成度評価点とする。

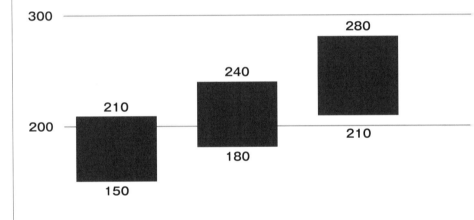

[千円]

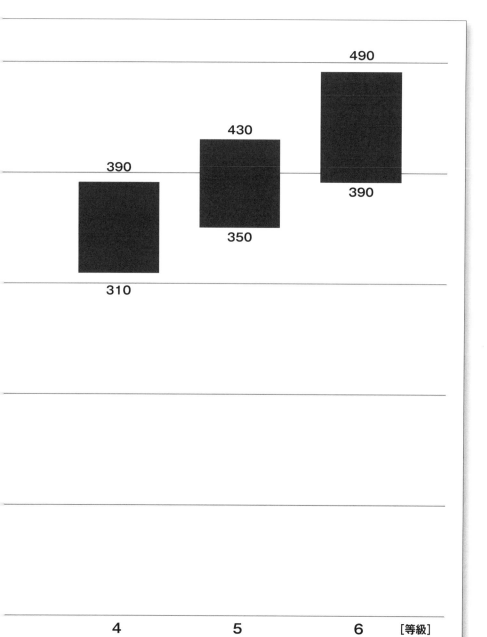

490

430

390

350

390

310

4   5   6   [等級]

候補者名	
採用ポジション／部署名	／
面接年月日	／ ／
面接場所	
面接者／役職名／部署名	／ ／

Ⅰ　総合評価
　　（A＝採用を強く薦める、B＝応募ポジションは不可だが別のポジションは可能、
　　 C＝採用を薦めない）
主な理由
1）
2）
3）

Ⅱ　当該ポジションが要求する能力、スキル、経験を保有しているか。
　　Yes/ No
主な理由
1）
2）
3）

Ⅲ　わが社のモットー・社是等に照らしてふさわしい人間か。
　　同僚として共に働きたい人間か。Yes/ No
主な理由
1）
2）
3）

Ⅳ　候補者の長所・優れている点
1）
2）
3）

Ⅴ　候補者の短所・不足している点
1）
2）
3）

Ⅵ　良し悪しにかかわらず印象に残った点
1）
2）
3）

	3月	4月	5月	6月	7月	8月
評価						
総合業績評価						
評価対象期間		―――				
評価実施						
評価結果通知						
目標管理（賞与）						
評価対象期間		―――				
評価実施						
評価結果通知						
配置						
昇級・昇格通知						
異動実施						
報酬						
新月次給与通知						
新月時給与支給						
賞与通知						
賞与支給						
採用		―――				
研修育成						
年度計画の通知	→					
各研修項目の実施		―――				
組織風土						
年度計画の通知	→					
各イベントの実施		―――				

添付資料

206

	9月	10月	11月	12月	1月	2月	3月	4月	5月	6月

〈著者〉**山口忠明**

慶応義塾大学経済学部卒業
スイスIMD（旧CEI）経営大学院卒業
日本軽金属（株）を経て、スイス銀行、マニュライフ生命等グローバル企業数
社の日本法人において、主に人事・労務及び管理部門の統括責任者を務める。
2008年より、人事コンサルタントとして独立。人事制度全般の構築、個別労
務問題の解決、エグゼクティブ・コーチング、キャリア・カウンセリング及び
人事関連研修を行っている。海外ビジネス経験を活かし、日本人社員の海外派
遣及び、外国人社員の採用・管理につき助言も行っている。
前橋国際大学、及び東京国際大学において非常勤講師を務める。2級キャリア・
コンサルティング技能士及び、英語通訳案内士の国家資格を保有。現在、株式
会社ヴィヴィッドレイ代表取締役、辻・本郷 税理士法人その他数社の顧問を
務める。
ビジネス・モットーは"役に立つ、実践的なコンサルティングを行う"ことで
ある。

〈監修者〉**徳田孝司**

公認会計士・税理士。辻・本郷 税理士法人 理事長。
昭和55年、監査法人朝日会計社(現 あずさ監査法人)に入社。昭和61年、本郷
公認会計士事務所に入所。
平成14年4月、辻・本郷 税理士法人設立、副理事長に就任し、平成28年1
月より現職。
著書に『スラスラと会社の数字が読める本』（共著、成美堂出版）、『いくぜ株式
公開!! IPO速解本』（共著、エヌピー通信社）、『精選100節税相談シート集』
（共著、銀行研修社）他多数。

辻・本郷 税理士法人

平成14年4月設立。東京新宿に本部を置き、日本国内に70以上の拠点、海外5拠点を持つ、国内最大規模を誇る税理士法人。
税務コンサルティング、相続、事業承継、医療、M＆A、企業再生、公益法人、移転価格、国際税務など各税務分野に専門特化したプロ集団。
弁護士、不動産鑑定士、司法書士との連携により顧客の立場に立ったワンストップサービスと、あらゆるニーズに応える総合力をもって多岐にわたる業務展開をしている。

https://www.ht-tax.or.jp/

人事制度が会社を変える
実践！ 中小企業の人事改革

2021年9月29日　　初版第1刷発行

著者　　　山口忠明

監修　　　徳田孝司

発行者　　鏡渕　敬

発行所　　株式会社 東峰書房

　　　　　〒160-0022 東京都新宿区新宿4-3-15

　　　　　電話　03-3261-3136

　　　　　FAX　03-6682-5979

　　　　　https://tohoshobo.info/

装幀・デザイン　小谷中一愛

印刷・製本　　　株式会社 シナノパブリッシングプレス

©Hongo Tsuji Tax & Consulting 2021
ISBN978-4-88592-216-9 C0034